Les Ombres Chinoises

Les Ombres Chinoises

Amusez-vous dans le noir
en créant des animaux
plus vrais que nature

Sophie Collins

Le Courrier du Livre
21, rue de Seine
75006 Paris

Titre original : *Shadow Art, how to have fun in the dark*

Traduit de l'anglais par Élodie Cherdonnel

ISBN: 978-2-7029-0644-6

www.editions-tredaniel.com
info@guytredaniel.fr

Directeur de projet **Peter Bridgewater**
Editeur **Jason Hook**
Directeur editorial **Caroline Earle**
Chef de projet **Dominique Page**
Directeur artistique **Sarah Howerd**
Designer **Joanna Clinch**
Maquetiste **Lyndsey Harwood**
Illustrateur **John Woodcock**

Imprimé en Chine

SOMMAIRE

Introduction aux Ombres Chinoises

Les ombres chinoises s'avèrent être un passe-temps très amusant. Avec un peu de souplesse, une lampe de poche (ou deux sources de lumière si vous souhaitez un résultat plus net) et au moins deux mains, vous pourrez réaliser une ferme pleine d'animaux. Rendues populaires il y a plus de cent cinquante ans, avant même la radio, la télévision, les DVD ou les jeux sur ordinateur, les ombres chinoises ont fait leur apparition dans divers manuels de divertissements. Une encyclopédie pour enfants publiées en 1901 affirme que « n'importe quel garçon ou fille intelligent(e) » devrait être capable de réaliser un spectacle d'ombres chinoises d'environ une demi-heure pour ses amis ou sa famille et proposer différentes saynètes, allant de Punch and Judy

Il y a un siècle, les ombres chinoises ressemblaient à cela : une ambiance et des vêtements solennels pour celui qui réalisait les ombres chinoises. Néanmoins, le loup qui apparaît sur le mur est semblable, en tout points, à celui que vous trouverez dans cette ménagerie.

(Spectacle de marionnettes célèbre en Grande-Bretagne) à Babes in the Wood. (Conte pour enfants utilisé comme base pour des pantomimes)

Même réalisées de manière simple, les ombres chinoises peuvent vite tourner à l'obsession. Vous commencerez par un simple cheval ou un chien à l'aide d'une lampe de poche, puis, voyant le résultat plus que réel, vous passerez à l'écureuil ou au lapin qui sautille. C'est un bon moyen pour vous mesurer à votre famille et à vos amis : « C'est ça que tu appelles un cochon ? Attends de voir ma dinde ! »

Bientôt, vous ajouterez même les bruits correspondant aux animaux. Les ombres chinoises représentent une bonne occupation pour les enfants avant d'aller au lit. Cela permet également d'éloigner les plus grands de leur console et de leur ordinateur. Ils ne résisteront pas à l'envie de montrer qu'ils sont capables de faire mieux que vous.

Cet ouvrage contient tout ce dont vous aurez besoin pour réaliser de très belles ombres chinoises. Tout d'abord, vous trouverez conseils et recommandations sur la manière dont vous réaliserez et exposerez vos ombres. Puis, vous découvrirez une centaine d'ombres représentant des animaux, classées par ordre croissant de difficulté. Une fois que vous aurez maîtrisé les plus faciles, passez aux ombres de difficulté moyenne. Après cela, faites travailler vos doigts, échauffez vos poignets puis essayez le rhinocéros, le paon ou la taupe. La famille entière peut participer : ceux qui possèdent de petites mains, comme ceux qui souffrent d'arthrite – tout le monde peut réussir à faire un chien ou un crocodile et la plupart des gens aiment essayer les ombres les plus complexes, présentées à la fin de ce livre. Ensuite viennent les effets sonores et la mise en scène, vous y aurez recours si vous souhaitez réaliser un spectacle complet : certains accessoires vous aideront à créer différents sons, tandis que les cadres découpés dans du carton vous permettront de présenter vos tigres, cobras et singes dans un décor de jungle et vos vaches, taureaux et moutons au milieu d'une ferme. Enfin, vous trouverez huit personnages humains qui vous permettront de donner encore plus de vie à vos histoires.

Comment réaliser les ombres ?

La manière la plus simple de réaliser des ombres chinoises consiste à réunir les éléments suivants : une pièce sombre, une lampe de poche ou une autre source de lumière (une lampe de chevet est idéale, placée dans un coin et pas trop diffuse) et un mur clair ou un autre type de surface, comme un rideau, sur lequel projeter les ombres. Les personnes qui créent les ombres souhaitent, la plupart du temps, avoir un public. Toutefois, l'autosatisfaction est également importante lorsque vous accomplissez parfaitement la forme et le mouvement d'une tête d'éléphant ou le glouglou d'une dinde. Vous serez encore plus fier si votre public reste bouche bée d'émerveillement ou si vous avez quelqu'un pour vous relayer.

Conseils pour les débutants...

Commencer avec une petite lumière ou une lampe de poche que vous aurez installée avec précaution sur une pile de livres ou sur un coussin. Pour ce qui est de la hauteur, placez-là au niveau de vos mains. La lumière devrait, normalement, se refléter sur le mur pour obtenir un cercle de lumière d'environ soixante centimètres de diamètre. Cela vous permettra à la fois de créer votre forme et d'avoir une marge suffisante tout autour. L'ombre elle-même devrait être clairement dessinée et suffisamment opaque. Exercez-vous en déplaçant vos mains entre la source de lumière et le mur jusqu'à trouver l'endroit idéal. Vous obtiendrez un effet encore plus impressionnant si vous formez vos animaux en dehors de la lumière et que vous les présenter, en train de bouger, en pleine lumière.

Que le spectacle commence !

Une fois que vous aurez atteint un niveau plutôt satisfaisant, vous pourrez essayer une mise en scène un peu plus élaborée. Asseyez votre public dans un canapé placé en face de « l'écran ». Avec l'aide de vos compères, agenouillez-vous derrière le canapé, prêt à transformer vos mains en formes animales. Le rebord du canapé symbolise la ligne d'horizon de votre scène. La première source de lumière (une lampe classique ou de poche) illumine vos mains et projette une ombre sur le mur. Si vous préférez jouer avec deux ombres distinctes (vos éléphants passant devant un cirque, par exemple), alors reportez-vous au chapitre dédié à la mise en scène (voir pages 232-267). Posez votre cadre en carton ou vos accessoires sur une table, ou n'importe quelle surface plane, et placez-y une deuxième source de lumière juste derrière (une lampe de bureau, par exemple) en vous aidant du dessin. Les ombres formées par vos mains apparaîtront plus foncées que celles représentant l'arrière-plan.

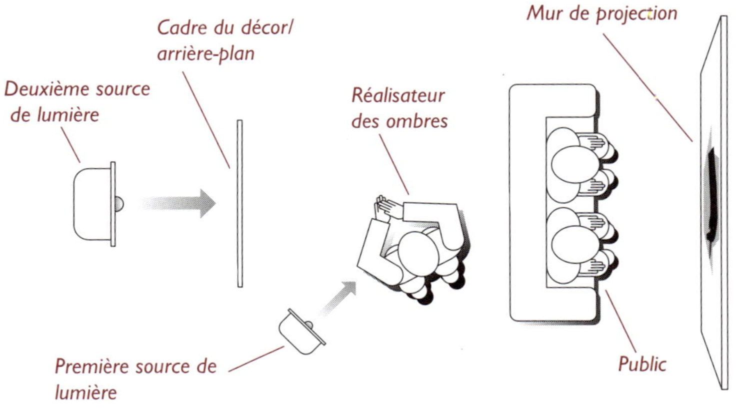

Exercices des mains et des doigts

Les animaux les plus simples sont à la portée de tous. Par contre, si vous envisagez de réaliser toute la ménagerie, vous devrez faire quelques exercices avec vos mains et vos doigts. Les amateurs de jeux vidéos vont peut-être marquer des points dans ce domaine, car leurs doigts sont déjà très habiles. Toutefois, si vos mains sont engourdies, échauffez-les un peu avant de commencer à réaliser des formes. Quelques minutes d'étirements et de flexions rendront les mains les plus raides beaucoup plus agiles. Vous découvrirez que vous avez une main dominante et que vous l'utiliserez pour réaliser les parties les plus laborieuses de certains animaux. Souvenez-vous que vous pouvez toujours inverser les positions des animaux et le sens vers lequel ils se dirigent si vous trouvez qu'il est plus facile de les réaliser ainsi.

1 Commencez par serrer les poings pour ensuite ouvrir vos paumes et étirez au maximum vos doigts, un par un.

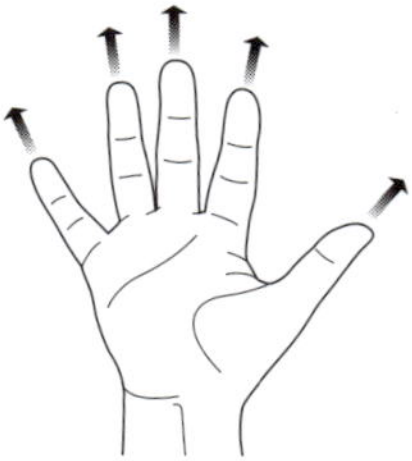

2 Collez l'auriculaire et l'annulaire d'un côté et l'index et le majeur de l'autre afin que l'écart entre le majeur et l'annulaire forme un « V ». Gardez chaque paire de doigts bien collée.

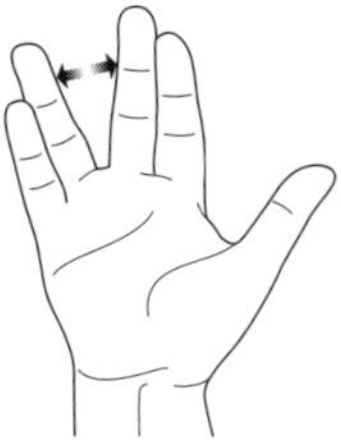

3 Pliez chaque doigt de votre main droite, un à un, en gardant les autres bien étirés. La plupart des gens y arrivent mieux avec l'index et trouve cela plus difficile avec les autres doigts ; l'auriculaire s'avère, à priori, le plus compliqué à exercer. Recommencez jusqu'à accomplir le mouvement avec aisance, puis passez à la main gauche en reprenant les étapes depuis le début.

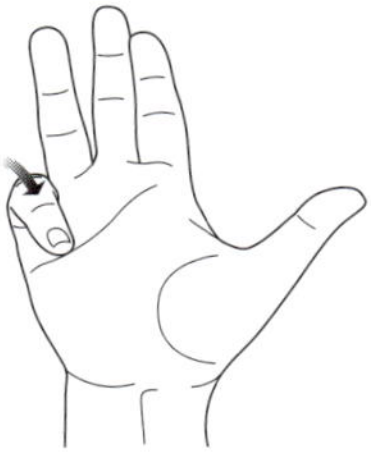

4 Repliez vos doigts par deux vers l'intérieur de la paume en gardant les autres doigts bien tendus (auriculaire et annulaire, annulaire et majeur, majeur et index). Quand cela vous paraît facile, faites le même exercice avec la main gauche.

5 Comme pour l'exercice n°4, repliez deux doigts vers l'intérieur de la paume mais, cette fois-ci, en allant toucher le pouce et en gardant toujours les autres doigts bien droits. Commencez avec la main droite puis passez à la gauche.

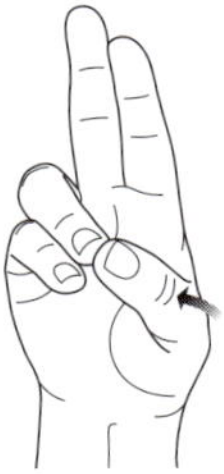

6 Pour terminer, laissez vos mains pendre mollement et échauffez vos poignets en dessinant des cercles.

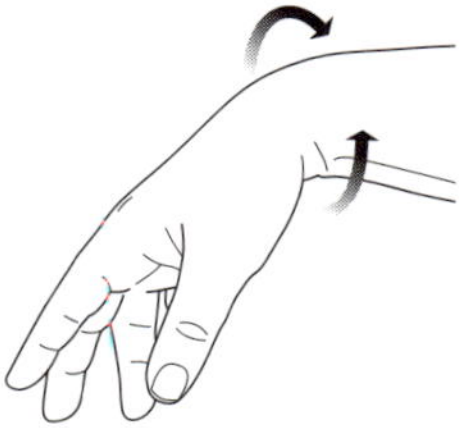

Réaliser des formes basiques

Sur la page de droite, vous trouverez trois des plus simples formes à réaliser : le berger allemand, le crocodile et l'éléphant. Une légende vous expliquera les différentes étapes de leur réalisation et la position des doigts. N'oubliez pas que chaque main est unique et que ses particularités peuvent faire varier le résultat final et rendre plus difficiles certaines formes. Si vous avez des paumes carrées et des doigts courts, certaines formes rondes, l'ourson par exemple, pourront s'avérer plus faciles à réaliser qu'une forme fine comme le kangourou. Continuez à vous entraîner et vous découvrirez très vite quelles formes vous correspondent le mieux selon vos mains : les plus simples comme les plus impressionnantes.

Tout au long de la ménagerie, vous remarquerez que certaines formes sont plus simples que d'autres. Nous les avons triés de manière à ce que vous les essayiez au fur et à mesure : de la plus facile à la plus complexe. Mais cet ordre n'est cependant pas systématique ; certaines formes classées « difficiles » vous paraîtront finalement peut-être simples à réaliser. Cela dépend de la souplesse et des particularités de vos mains.

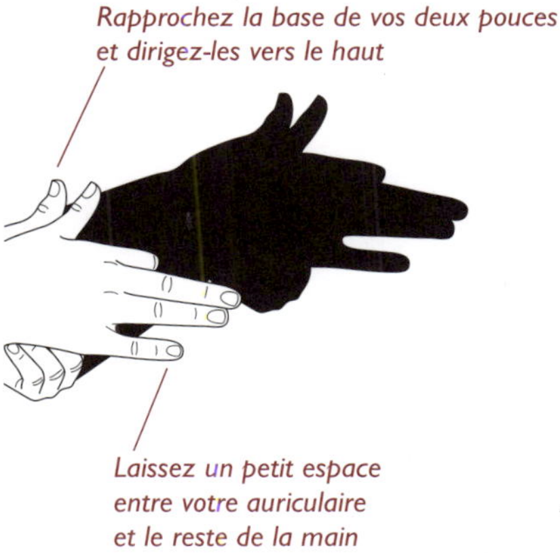
Rapprochez la base de vos deux pouces et dirigez-les vers le haut
Laissez un petit espace entre votre auriculaire et le reste de la main

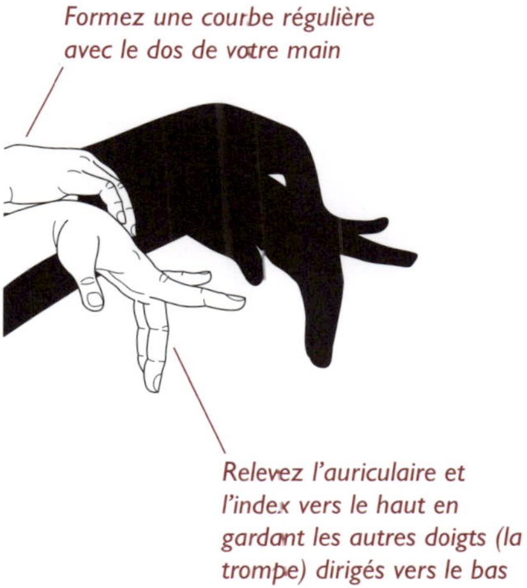
Formez une courbe régulière avec le dos de votre main
Relevez l'auriculaire et l'index vers le haut en gardant les autres doigts (la trompe) dirigés vers le bas

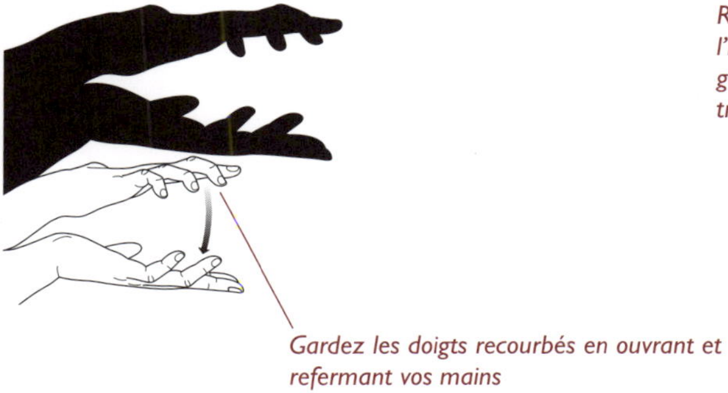
Gardez les doigts recourbés en ouvrant et refermant vos mains

Les animaux

La ménagerie est divisée en quatre parties, classées par ordre croissant de difficulté, et comporte une centaine d'animaux au total : de la simple méduse au chameau en passant par l'ours qui grogne.

Animaux à une main

Ce sont les animaux les plus simples à réaliser, car ils ne font appel qu'à une seule main. Faites attention à l'orientation que vous donnez à votre main et votre bras face à la lumière, afin que votre ombre apparaisse droite et claire sur le mur.

L'Hirondelle

Certainement l'ombre la plus facile à créer. Avec la main, imitez le vol d'un oiseau en réalisant de grands arcs de cercle. Pour les ailes de l'hirondelle, collez vos doigts deux par deux en faisant de petits mouvements. Gardez le pouce bien droit pour que le cou de l'oiseau soit bien tendu lorsqu'il vole.

L'Oie

Cette ombre fait partie des plus simples et représente un bon point de départ. La seule difficulté réside dans le mouvement de l'auriculaire de bas en haut (la bouche qui s'ouvre et se referme). Essayez de faire plonger votre main vers l'avant pour ensuite la ramener vers l'arrière très rapidement et ainsi imiter le dandinement de l'oie.

La Salamandre

La tête allongée de la salamandre, semblable à celle du lézard, ainsi que la peau située sous ses mâchoires sont créées avec la main gauche. Placez le bout de l'auriculaire derrière l'annulaire et abaissez votre pouce afin que la silhouette soit la plus ressemblante possible. Bien que cette forme soit élémentaire, il est important de s'appliquer pour faire une bonne imitation.

Le Bébé Girafe

Le petit de la girafe est plus facile à réaliser que la girafe adulte (voir pages 70-71). Pour donner l'impression qu'il marche, de simples mouvements de poignets devraient suffire. Si vous utilisez des cadres décorés, alors placez votre girafe dans un environnement boisé (voir pages 240-241) où elle pourra étirer son cou et cueillir les feuilles les plus basses.

L'Étourneau

Les étourneaux communiquent et piaillent tout le temps, c'est un fait. Vous pouvez, donc, ouvrir et fermer le bec rapidement pour mimer une discussion. Repliez l'auriculaire et l'annulaire vers la paume. En fonction de l'inclinaison de vos doigts, vous verrez différentes espèces apparaître sous vos yeux, tels le moineau ou la grive par exemple. De nombreux manuels du XIXe siècle, ayant pour sujet les ombres chinoises, expliquent que cette forme basique servait de point de départ pour toutes les espèces d'oiseaux.

Le Canard

Le canard est très simple à réaliser. Avec vos doigts, prenez la forme d'une paire de ciseaux puis imitez le coin-coin du canard. En dirigeant sa tête vers le haut, comme sur le dessin, cela permet au canard de sentir le danger lorsqu'un prédateur s'approche d'un peu trop près.

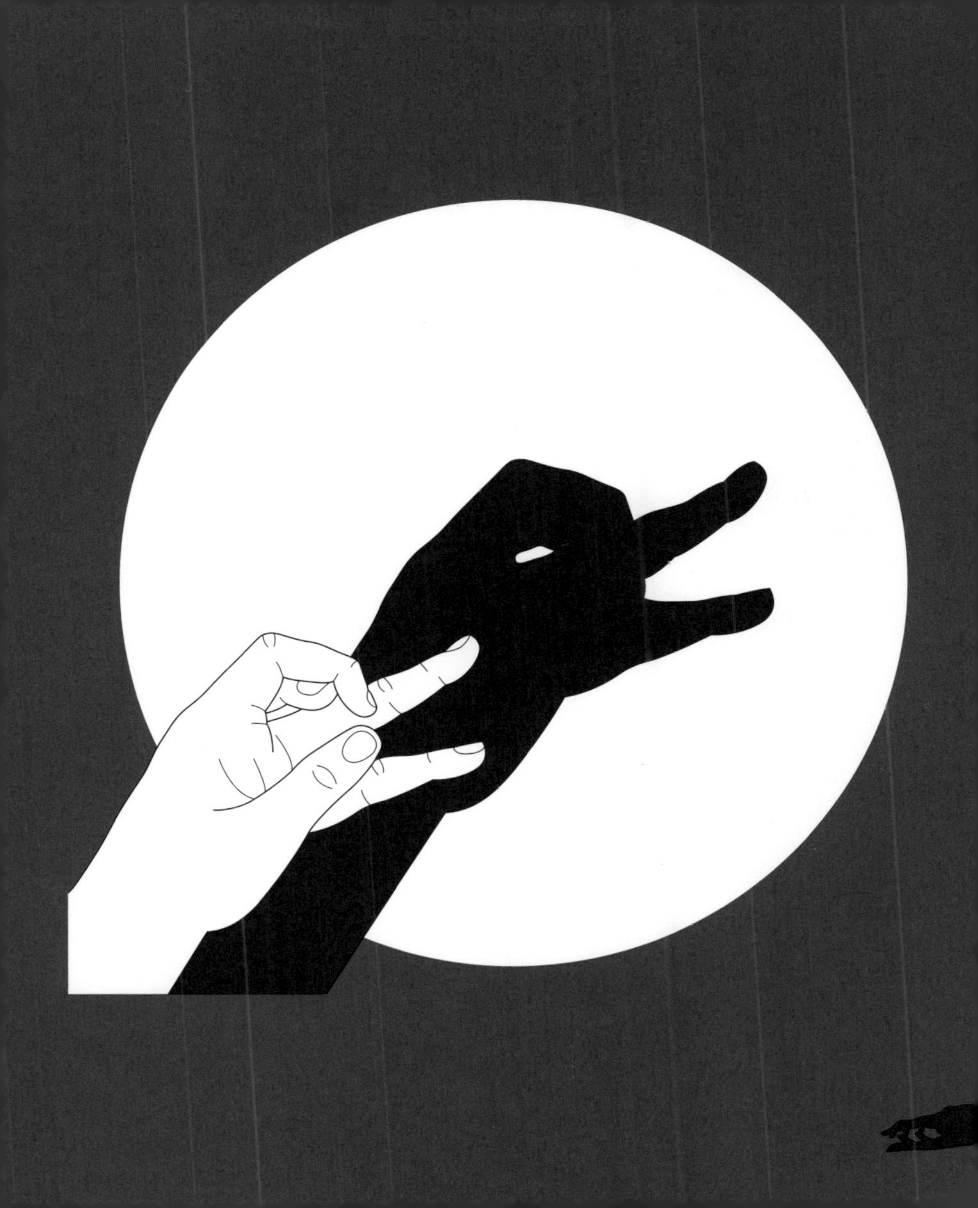

Le Lévrier

Si vous avez de petits doigts, alors vous formerez une tête de lévrier très ressemblante. Si vos doigts sont longs, votre ombre sera alors un peu plus allongée. N'hésitez pas à tourner votre poignet de sorte que le museau paraisse plus court. Si nécessaire, faites de même avec votre pouce pour affiner l'oreille et lui donner une allure de chien de chasse.

Le Serpent

À nouveau, une forme très facile à réaliser. Pour la langue du serpent, prenez deux brins d'herbe ou deux fines bandes de papier et coincez-les entre le majeur et l'index de votre main gauche. Si vous bougez le bras en entier, vous donnerez l'impression que votre serpent attaque.

Le Singe

Vous aurez seulement besoin de votre main gauche pour créer l'ombre du singe. Néanmoins, il sera difficile pour vos articulations et vos doigts de se modeler pour prendre la forme voûtée de ses épaules et de sa tête. C'est pourquoi, vous aurez certainement besoin de vous entraîner afin d'obtenir une forme parfaite. Servez-vous de la forme de votre main et de la courbe de votre avant-bras pour réaliser le bas du corps du singe.

Animaux à deux mains

Pour réaliser les animaux de ce chapitre, vous aurez besoin de vos deux mains ; toutefois, ces ombres sont plutôt faciles à accomplir. Vous remarquerez que certains animaux semblent plus vrais s'ils sont immobiles, tandis que d'autres prennent vie si vous bougez vos mains de manière appropriée : un battement de mains pour le crocodile et un mouvement de cou pour le cygne, par exemple.

Le Requin

La menaçante nageoire dorsale du requin est l'une des ombres les plus simples à faire ; vous aurez tout de même besoin d'un support solide pour imiter la surface lisse de l'eau. Si votre requin évolue au milieu d'une eau plus mouvementée, vous pourrez utiliser le cadre orné de vagues présenté au chapitre des mises en scène (voir pages 252-253). Vous pourrez même apprendre cette ombre à un jeune enfant, elle peut donc facilement s'intégrer au répertoire familial ou à celui du spectacle de groupe. Joignez vos deux mains et penchez-les légèrement en arrière lorsque vous mettez votre requin en mouvement. Même si vous résistez à l'envie de fredonner la chanson du film *les Dents de la mer*, votre public, lui, ne pourra s'en empêcher.

La Méduse

Très facile à réaliser, vous donnerez une allure encore plus convaincante à votre méduse si vous faites légèrement bouger vos doigts tournés vers le bas pour donner l'impression qu'elle nage.

La Colombe

Cette ombre se réalise très facilement. Croisez vos pouces sans les aligner vraiment afin de créer à la fois une tête et un bec. Vous pourrez donner l'impression qu'elle vole en battant des mains. Toutefois, son vol doit être bien droit car si vous la faites voler haut, vos avant-bras deviendront visibles et gâcheront votre effet.

Le Berger Allemand

Comme son nom l'indique, le berger allemand est un chien de berger. Cette ombre est très simple à réaliser : si vous laissez la gueule de votre chien ouverte, vous lui donnerez un air féroce et intense. Pour le rendre un peu plus doux, refermez un peu plus sa gueule.

Le Bouc

Le bouc possède des cornes proéminentes ainsi qu'un profil assez allongé et, comme la chèvre (voir pages 184-185), il est pourvu d'une petite barbe bien soignée. Cette ombre est néanmoins plus facile à réaliser que celle de la chèvre car elle est bien plus singulière. Par ailleurs, le bouc s'intègre très bien dans un décor de ferme.

Le Cheval

Cette simple silhouette se révèle très ressemblante, à condition de réaliser le bon angle entre vos pouces et vos paumes de mains, pour représenter sa tête. Entraînez-vous à bouger l'auriculaire de votre main droite de bas en haut, de manière à ce que votre cheval remue sa mâchoire. Gardez bien l'auriculaire et l'annulaire de votre main gauche collés contre votre paume droite, pour que l'ombre soit nette et opaque.

Le Crabe

Une fois que vous aurez formé cette ombre très simple, faites bouger le crabe rapidement de côté, en remuant toutes ses pattes en même temps et en cachant vos avant-bras derrière la scène.

La Fouine

Pour donner à votre fouine une tête et un cou suffisamment fins, ainsi qu'une allure relâchée, travaillez l'angle des doigts de votre main droite. Aplatissez les articulations de votre main gauche afin de dessiner un dos arrondi. Pour la queue, tendez votre pouce et inclinez-le légèrement vers le haut lorsque vous faites courir votre fouine.

Le Tatou

La principale caractéristique du tatou réside dans son dos en crête. Bien que très facile à créer, cette ombre doit être travaillée, notamment au niveau du placement de la main droite. Vos articulations devront également prendre la bonne position afin d'obtenir une crête et non pas de simples bosses. Remuez doucement les doigts de votre main gauche pour lui faire ouvrir sa gueule lorsqu'il se déplace lentement.

Le Cygne

Le cygne s'avère être l'une des ombres les plus élégantes ; vous pouvez la faire nager au bord de votre scène de manière très gracieuse. La main droite, qui représente l'aile, disparaît derrière votre biceps gauche au niveau du poignet et évite qu'un jour ne se forme au milieu de l'ombre. Ainsi, votre cygne apparaît en totalité.

Le Crocodile

Réaliser l'ombre du crocodile ne prend qu'une seconde. Faites claquer les mâchoires de votre crocodile en refermant et ouvrant vos mains, de manière très rapide. Bougez vos mains de gauche à droite sur la scène, en faisant un bruit de claquement.

L'Escargot

L'escargot basique est très simple à réaliser. Cette forme implique que vous utilisiez à la fois vos avant-bras et vos mains, ce qui veut également dire que, pour faire bouger votre escargot d'un côté à l'autre, c'est tout votre corps que vous devrez mettre en mouvement. Entraînez-vous à glisser à l'intérieur de votre scène et, tout en gardant la pause, remuez légèrement les antennes de l'escargot lorsqu'il se déplace.

L’Ourson

Contrairement à l’allure féroce de l’ours adulte (voir pages 128-129), l’ourson arbore une mine douce et arrondie et ses oreilles relevées trahissent sa curiosité. Le sommet de la tête est réalisé grâce au poing gauche, tandis que le museau de l’ourson est formé à l’aide des doigts de la main droite, tendus et orientés dans un angle précis. Essayez de remuer doucement votre main gauche pour donner l’impression que les oreilles de l’ourson bougent.

L'Autruche

La réalisation de l'autruche ressemble beaucoup à celle du cygne (voir pages 56-57), excepté que votre avant-bras gauche doit être positionné un peu plus vers le haut afin de rendre le cou plus droit. Les épaisses ailes de l'autruche sont créées à l'aide d'un morceau de tissu (permettant de réaliser quelque chose d'à la fois volumineux mais pas trop lourd) enroulé autour de votre biceps gauche et, au besoin, faites-le gonfler avec votre main droite, comme indiqué sur le croquis.

Le Bernard-l'Ermite

Le bernard-l'ermite avance de côté et de manière aléatoire, il accélère par à-coups avant de s'immobiliser et repart de plus belle. Placez votre main gauche par-dessus la droite pour former la carapace et remuez-la en même temps que les pattes, réalisées à l'aide des doigts de votre main droite, afin de rendre son mouvement convaincant.

La Poule Perchée

La poule perchée décrite ici est présentée dans son nid et se révèle très simple à réaliser. Pour la faire bouger, coller votre pouce droit derrière votre main gauche (comme indiqué ci-contre, cela correspond au bord de son nid) et faites-la remuer d'avant en arrière de manière saccadée, comme si elle se baladait dans la ferme.

La Girafe

Votre main droite doit être bien tendue afin que le cou de la girafe apparaisse plat et sans bosse. Relevez votre index gauche pour créer l'œil de la girafe. Entraînez-vous à remuer les doigts de votre main gauche pour orienter la tête vers l'avant puis vers l'arrière et ainsi faire bouger son museau lorsque le cou de l'animal repart vers l'arrière.

Le Chacal

Le chacal ressemble beaucoup au chien mais il possède, en plus de ce dernier, une crinière qui descend le long de son dos et qui paraît toujours hérissée. Pour la crinière, utilisez les doigts de votre main droite, à plat sur la nuque du chacal (votre poignet gauche).

Le Porc-Épic

Pour cette ombre simple, vous utiliserez les doigts de votre main droite, légèrement tendus pour former ses piquants si spécifiques. Vous pouvez donner l'impression que votre porc-épic tourne en bougeant les doigts de votre main gauche (représentant sa tête et son visage). Cependant, assurez-vous que le chevauchement de vos deux mains soit toujours impeccable afin d'éviter que la tête et le corps de votre animal ne se désolidarise.

Le Pingouin

Vous aurez besoin de courber votre main droite ainsi que votre poignet pour créer le long ventre rebondi du pingouin. Le bec s'affaisse et l'œil apparaît grâce à l'écart creusé entre l'index et le majeur de votre main gauche. Penchez vos deux mains en avant puis, doucement, ramenez-les vers l'arrière pour imiter la démarche pataude du pingouin.

La Moufette

Tous ceux qui aimaient les dessins animés, étant enfants, se rappelleront l'imposante queue de la moufette, portée très haut derrière son dos et ressemblant à un buisson. L'ombre chinoise de la moufette ne fait pas exception : sa queue apparaît au-dessus de son profil, mince en comparaison. C'est en repliant les doigts de votre main gauche que vous formerez les épaisses touffes de sa queue. Vous pourrez faire parler votre moufette en ouvrant puis refermant l'auriculaire et l'annulaire de votre main droite, qui correspondent à la petite truffe et à la gueule de l'animal.

Le Perroquet

Le perroquet possède une tête plus haute et plus arrondie que celle des autres oiseaux, ainsi qu'un bec plus incurvé. C'est une ombre très simple à réaliser : travaillez votre flexibilité en lui faisant picorer, une par une, des cacahouètes que vous aurez posées dans une coupelle sur la scène. Lorsqu'il en tient une dans son bec, vous pouvez lui faire rejeter la tête en arrière et il semblera l'avaler (en réalité, vous la laisserez tomber derrière l'ombre créée par vos avant-bras).

Le Faon

Le faon a un œil grand ouvert qui exprime sa surprise, tout comme sa large pupille exprime ses émotions : pliez votre auriculaire et positionnez-le au milieu de l'œil du faon afin de réaliser la forme parfaite. La petite queue relevée peut être remuée lorsqu'il avance, mais de manière vive comme le font les petits des animaux.

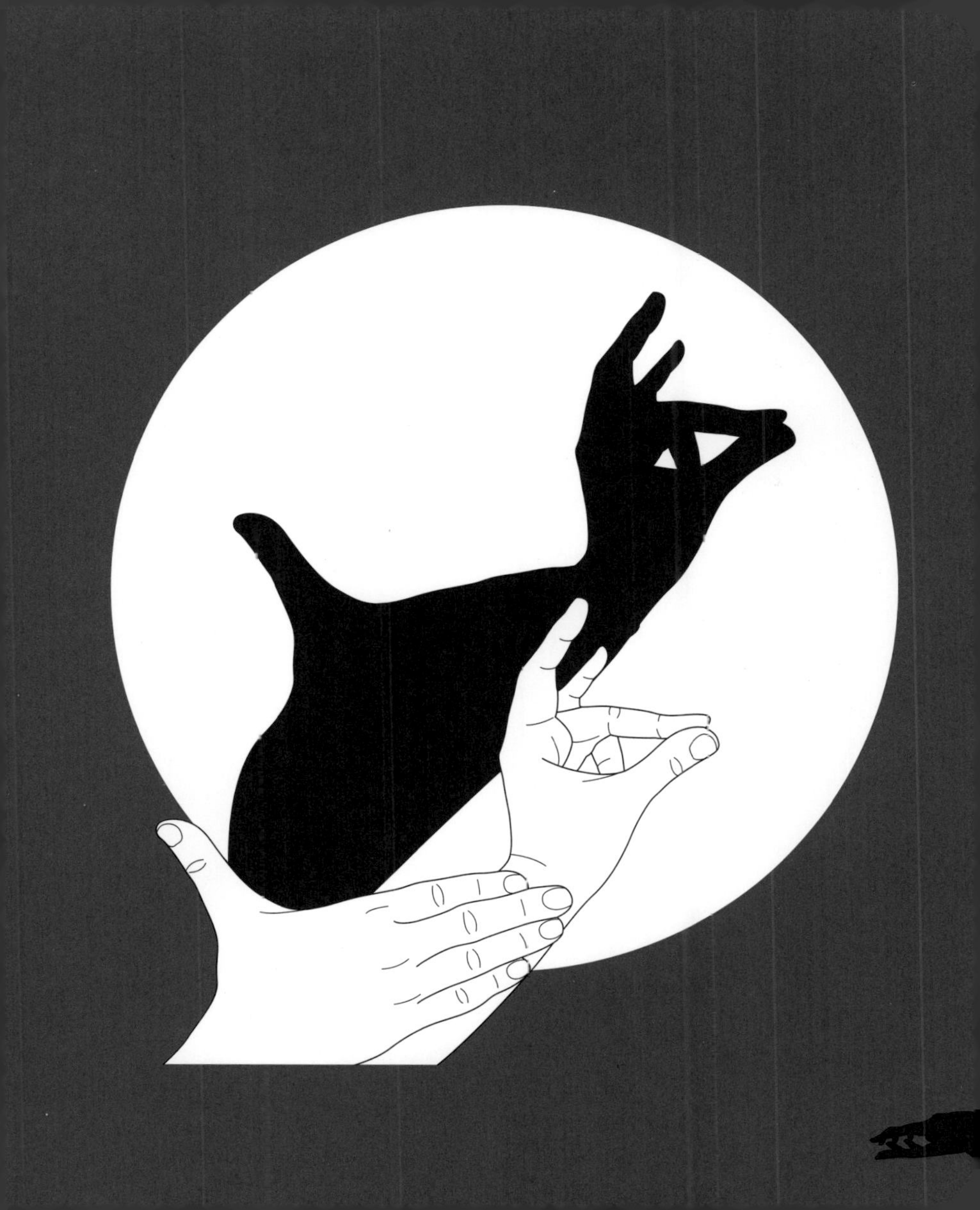

Le Rat

Même si votre main droite porte la gauche et vous aide à rendre le cou du rat plus large, cette ombre se réalise, en grande partie, avec la main gauche et se révèle assez élémentaire. De petites bandes de papier ou des brins d'herbe formeront les moustaches et celles-ci remueront naturellement lorsque vous bougerez votre majeur et votre annulaire de bas en haut, laissant croire que le museau du rat frétille.

Le Cerf

Le cerf se distingue grâce à ses bois imposants, que les doigts de votre main droite imiteront très facilement. Si vous réalisez cette ombre avec un ami, vous pourrez donner l'impression que vos deux cerfs se battent en abaissant leur tête et leurs cornes et en les faisant courir l'un vers l'autre de manière à ce que leurs bois s'entrechoquent.

Le Chevreuil

La plus grande caractéristique du chevreuil est son œil de forme ovale ainsi que ses cornes orientées vers l'avant. Il fait partie de ces ombres faciles à former, de prime abord, mais difficiles à rendre impeccable. Entraînez-vous afin de produire une forme correcte. Comme les autres cervidés, lorsque vous aurez réalisé un chevreuil qui semble vivant, vous pouvez le faire paître en donnant l'impression qu'il arrache des touffes d'herbes, que vous aurez préalablement coupées.

La Dinde

La dinde semble plus compliquée à réaliser qu'il n'y paraît. Gardez votre main gauche bien rangée, sous la droite, avec le pouce replié sous la paume. Quand votre ombre devient ressemblante, essayez de balancer vos doigts gauches pour donner l'impression que la peau de son cou bouge lorsqu'elle avance. Imitez son cri afin d'accentuer le réalisme de votre scène.

Le Taureau

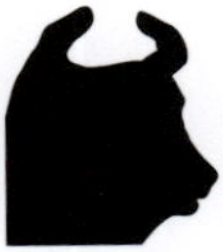

Cette ombre ressemble beaucoup à celle de la vache, dans sa réalisation (voir pages 94-95). Toutefois, le taureau possède une tête plus ronde ainsi que des cornes recourbées. Si vous souhaitez que votre taureau arbore un anneau dans l'une de ses narines, prenez un trombone que vous aurez recourbé en cercle puis fixez-le entre l'index et le majeur de votre main droite de manière à ce que l'anneau apparaisse sur votre ombre.

La Vache

Bien que cette ombre semble simple, au premier abord vous rencontrerez peut-être quelques difficultés à former la seconde corne de la vache car vous devrez courber votre pouce gauche. Entraînez-vous à faire des cercles avec vos pouces.

Le Buffle d'Eau

Le buffle d'eau ressemble beaucoup au taureau (voir pages 92-93), ses cornes sont, néanmoins, plus larges et plus incurvées : courbez le pouce et l'index de la main gauche vers l'extérieur. Pour cette ombre, les personnes aux longs doigts auront l'avantage, vous donnerez l'impression que les cornes du buffle sont plus étendues et plus grandes. Comme pour l'ombre du taureau, vous pourrez réaliser un cercle à l'aide d'un trombone ou d'un anneau pour rideau et l'insérer entre l'index et le majeur de votre main droite. Vous pourrez même l'attacher à une corde de manière à ce qu'il semble tiré par celle-ci.

La Tortue

La tortue se caractérise principalement par deux choses : ses pattes imposantes et sa tête arrondie. Votre index gauche correspond à la tête de la tortue et tous les autres doigts se fléchissent pour former les pattes. Tournez vos poignets vers l'extérieur pour former la carapace. Une fois l'ombre de la tortue réalisée, il devient facile de donner l'impression qu'elle nage : bougez les pattes de bas en haut en traçant de larges mouvements pour indiquer l'aisance de l'animal dans le milieu aquatique.

L’Araignée

L’araignée est très simple à réaliser, quoique son mouvement s’avère plus difficile à reproduire. Après avoir croisé vos mains et recourbé vos doigts pour ressembler à l’image ci-contre, remuez tous vos doigts en même temps de manière à ce que votre araignée se déplace vers l’avant (ce qui semblerait plus naturel) plutôt que de côté, comme le mouvement du crabe (voir pages 50-51).

L'Albatros

L'impressionnante tête de l'albatros n'a d'égale que sa puissante aile qui, comme celle du corbeau (voir pages 108-109), est formée à l'aide de votre main gauche. Ajustez l'angle réalisé par votre main jusqu'à ce que l'aile semble faire partie du corps de l'oiseau. Vous pourrez percher votre albatros sur une branche (le dossier du canapé, par exemple) et lui faire battre des ailes fermement en imitant la manière dont les oiseaux marins s'ébrouent après être sortis de l'eau.

Le Renard

Le renard n'est pas particulièrement difficile à faire, mais les doigts de votre main gauche doivent impérativement se chevaucher afin que son visage semble le plus fin possible. Si tel n'est pas le cas, votre ombre aura plus une allure chevaline que vulpine. Gardez vos pouces bien tendus, pour que les oreilles du renard soient réalistes.

Le Papillon

Le papillon est un animal qui possède des ailes ; en conséquence, vous pourrez le faire voler au travers de votre scène dans de larges et généreux mouvements, en ouvrant et refermant vos mains. Cela nécessitera certainement un peu de pratique pour garder en place les fines lamelles de papier qui représentent les antennes lorsque votre papillon vole. Si vous arrivez à séparer vos quatre doigts par le milieu, vous pourrez réaliser un papillon ayant deux paires d'ailes, ce qui le rendra encore plus authentique.

Le Corbeau

La silhouette du corbeau est bien plus arrondie et moins ouverte que celle de la colombe (voir pages 42-43). Le corbeau est représenté perché sur une branche, plutôt qu'en plein vol. La tête et le haut du corps sont formés à l'aide de votre main droite, repliée sur elle-même, tandis que la main gauche est grande ouverte, de sorte que le corbeau semble en train d'étirer son aile.

Le Crapaud

Le crapaud ressemble un peu à la grenouille du point de vue de sa réalisation (voir pages 118-119), toutefois, la bosse de son œil est plus prononcée et sa gorge est plus large et plus lisse (pour un coassement plus grave). Recourbez le dos de votre main droite vers votre poignet pour gonfler la gorge, puis aplatissez-le à nouveau pour imiter le bruit du crapaud tandis que celui-ci expire.

Le Pigeon

Collez bien vos avant-bras l'un contre l'autre pour éviter qu'un jour ne se forme entre eux et pour vous assurer que le haut du corps du pigeon soit parfait. Si vous ouvrez légèrement les doigts de votre main gauche pendant que vous penchez vos bras en avant, le pigeon semblera picorer. Gardez une certaine distance entre votre pouce et votre paume gauche afin que l'œil du pigeon reste bien en place lorsque vous bougez.

L'Hippopotame

Si vous possédez de longues et fines mains, vous aurez certainement besoin de replier les doigts de votre main gauche, comme sur le dessin, plutôt que de gardez vos paumes et vos doigts bien plats, pour donner à votre hippopotame une mâchoire arrondie et convaincante. Bien que l'hippopotame soit une ombre facile à réaliser, vous aurez besoin d'assouplir votre main gauche et de vous entraîner plus qu'il n'y paraît. Ouvrez et refermez la mâchoire de l'animal tout en grognant pour parachever son allure effrayante.

L'Élan

L'élan ressemble beaucoup au cerf (voir pages 86-87), cependant, le sommet de la main gauche est plus incurvé et la paume donne l'impression que les bois de l'élan sont plus amples. Pour le haut de la bouche ainsi que les mâchoires de l'élan, gardez le bout des doigts de votre main droite légèrement superposés et non pas parallèles.

La Grenouille

La gorge de la grenouille doit être légèrement bombée ; il est préférable que vos mains soient parallèles afin de préserver un angle doux entre elles. Avec le bout des doigts de votre main gauche, vous pouvez ouvrir et refermer la bouche de la grenouille. Avec la main placée en bas, formez un gonflement sur le cou de la grenouille. Vous pouvez la faire coasser tout en bougeant sa bouche ou bien la faire sautiller à travers le cadre, en déplaçant vos deux mains simultanément. Tâchez de ne pas déformer votre ombre.

L'Alpaga

Les alpagas possèdent des touffes de laine qui ressemblent à des pompons et qui se développent sur le sommet de la tête entre les deux oreilles ; ce qui les différencie sensiblement des lamas (voir pages 138-139). Cette ombre met en relief le volume présent entre les deux oreilles de l'animal, ainsi que son dos arrondi, mais pas autant que celui du chameau.

Animaux difficiles

Dans cette partie de la ménagerie, certaines ombres vous demanderont un peu d'entraînement quant à leur exécution. Armez-vous de patience tout en « faisant vos gammes ». Lorsque vous arriverez à réaliser toutes les ombres de ce chapitre, vous pourrez vous considérer comme un virtuose des ombres chinoises.

Le Lapin

Ses longues oreilles ainsi que ses narines qui reniflent partout sont caractéristiques du lapin et il est très facile de les reproduire pour créer cette ombre. Repliez l'index et le majeur de votre main droite puis bougez-les rapidement pour imiter le mouvement des oreilles. En parallèle, remuez l'auriculaire, l'annulaire et le majeur gauches, doucement et de bas en haut pour faire frétiller le nez de votre lapin. Pensez à garder un mouvement assez brusque pour les oreilles afin que votre ombre soit la plus réaliste possible.

Le Léopard

Les léopards ont pour habitude de se poster au sommet des arbres, pour se reposer et guetter leurs proies. L'allure assurée de cet animal est due à son long cou qui se faufile, du haut de son perchoir, à travers les branches. Vous pouvez faire pivoter la tête du léopard en effectuant de petits mouvements avec les doigts de votre main gauche, tout en gardant votre main droite complètement immobile.

L'Ours

L'ombre de l'ours en train de grogner se compose de ses oreilles, de ses mâchoires ouvertes et de ses quatre pattes. C'est pourquoi, il est primordial de placer correctement vos doigts afin de réaliser une forme équilibrée. Placez votre pouce droit derrière votre main gauche pour former la tête puis les oreilles. Une fois ces détails réalisés, utilisez votre pouce gauche pour représenter les pattes arrière et votre auriculaire et votre annulaire pour les pattes avant. Cette ombre n'est pas mobile mais si vous désirez déplacer votre ours, formez uniquement sa tête et déplacez-là vers le bas de manière à dissimuler vos mains derrière ce qui vous sert de ligne d'horizon (le dossier du canapé par exemple).

Le Cochon

Le plus difficile dans la réalisation de cette ombre réside dans le fait de tendre l'auriculaire et l'annulaire de votre main droite suffisamment pour qu'ils représentent les pattes arrière du cochon. De même, la gorge doit être arrondie jusqu'au groin, afin de prendre une allure porcine. Un peu d'exercice vous permettra de réaliser une ombre quasi parfaite. Grogner et renifler avec votre nez, tout en remuant les doigts qui forment les pattes de haut en bas pour donner l'impression que le cochon se déplace.

L'Éléphant

Assurez-vous que le trou formé par votre main droite reste petit, car il représente l'œil minuscule et typique de l'éléphant. La trompe peut s'élever (en réalisant un bruit de barrissement) en relevant votre main gauche et en enroulant votre annulaire vers le haut, mais ne le faites pas lorsque l'éléphant arbore une démarche magistrale : vous devrez retirer vos mains pour ensuite recréer la tête. Entraînez-vous à faire ce mouvement rapidement de manière à ce que le changement soit à peine perceptible.

La Corneille

La corneille se distingue instantanément par sa courte queue arrondie et par son allure stricte. La corneille, en train d'observer les alentours, s'intègre parfaitement à un décor de forêt, tandis que la colombe et l'hirondelle (voir pages 42-43 et 18-19) sont des ombres beaucoup plus simples à mettre en mouvement et à faire voler de bas en haut. Vous pourrez abaisser la tête de la corneille vers sa poitrine ou la diriger vers son flanc si vous le désirez, pour donner l'impression qu'elle nettoie ses ailes.

Le Vautour

Cet oiseau charognard ne ressemble à aucun autre, ses épaules courbées et son bec puissant permettent d'identifier cette ombre instantanément. Reproduire cette forme avec vos doigts est très simple, il vous suffit de garder le bec bien en place et de réaliser la bosse du dos, ce qui s'avère plus difficile. Il vous sera plus facile de créer l'ombre en deux temps : modelez vos mains séparément, puis joignez-les.

Le Lama

Le visage du lama est légèrement orienté vers le haut tandis que ses oreilles sont alertes. Cette créature présente des similarités avec la tête du paon (voir pages 144-145) mais révèle un buste plus large et sans bosse (et sans queue, naturellement). Repliez votre index et votre auriculaire droits pour remuer la tête du lama.

L'opossum

L'opossum possède de longues oreilles, un profil pointu et de puissantes mâchoires. Le positionnement des mains n'est pas vraiment la partie la plus difficile de cette ombre, il s'agit plutôt de l'angle de vos mains entre la source de lumière et l'écran. Si vous trouvez que l'ombre ne ressemble pas vraiment au dessin, faites pivoter vos mains légèrement vers la droite et vous verrez que votre ombre sera plus ressemblante ainsi.

Le Cacatoès

Le cacatoès n'est pas très dur à réaliser ; toutefois, cette ombre paraît quelque peu figée une fois formée. Vous pourrez, néanmoins, ouvrir et refermer le bec assez aisément ; le mouvement de l'oiseau est, lui, plus difficile à créer, car vous devrez éviter de froisser sa crête ou modifier son aspect général.

Le Paon

Le paon est un oiseau majestueux. La position de la main droite est des plus simples à obtenir : ouvrez puis refermez votre main pour réaliser sa queue. La position de la main gauche doit former une ligne régulière pour représenter son buste gonflé, son bec bosselé et sa huppe.

Le Bouledogue

Le bouledogue possède une tête arrondie ainsi qu'un œil vif, de forme triangulaire. Le plus compliqué est de garder le haut du visage bien aligné avec le museau : repliez le bout des doigts de la main gauche sur le poing droit pour rendre votre ombre ressemblante et donner l'impression qu'elle est faite d'un bloc.

Le Sanglier

Le profil féroce du sanglier se différencie quelque peu des courbes douces du cochon domestique. La défense est créée à partir de l'index de votre main gauche fortement tendu vers le haut. Son petit œil méchant ajoute à son apparence de prédateur, vous pourrez faire bouger son museau avec le majeur, l'annulaire et l'auriculaire de la main gauche, mais à condition de les garder bien collés les uns aux autres.

Le Lamantin

Les lamantins, ou vaches marines, ressemblent aux morses : leur tête ridée est complexe et, au premier abord, ils semblent posséder plusieurs lèvres ! La tête arrondie de la vache marine, tout comme son profil peu avenant, sont réalisés en joignant vos mains et en laissant dépasser votre pouce et votre index gauches. Relevez la tête du lamantin et remuez sa lèvre supérieure tout en grognant et en mugissant pour être plus authentique.

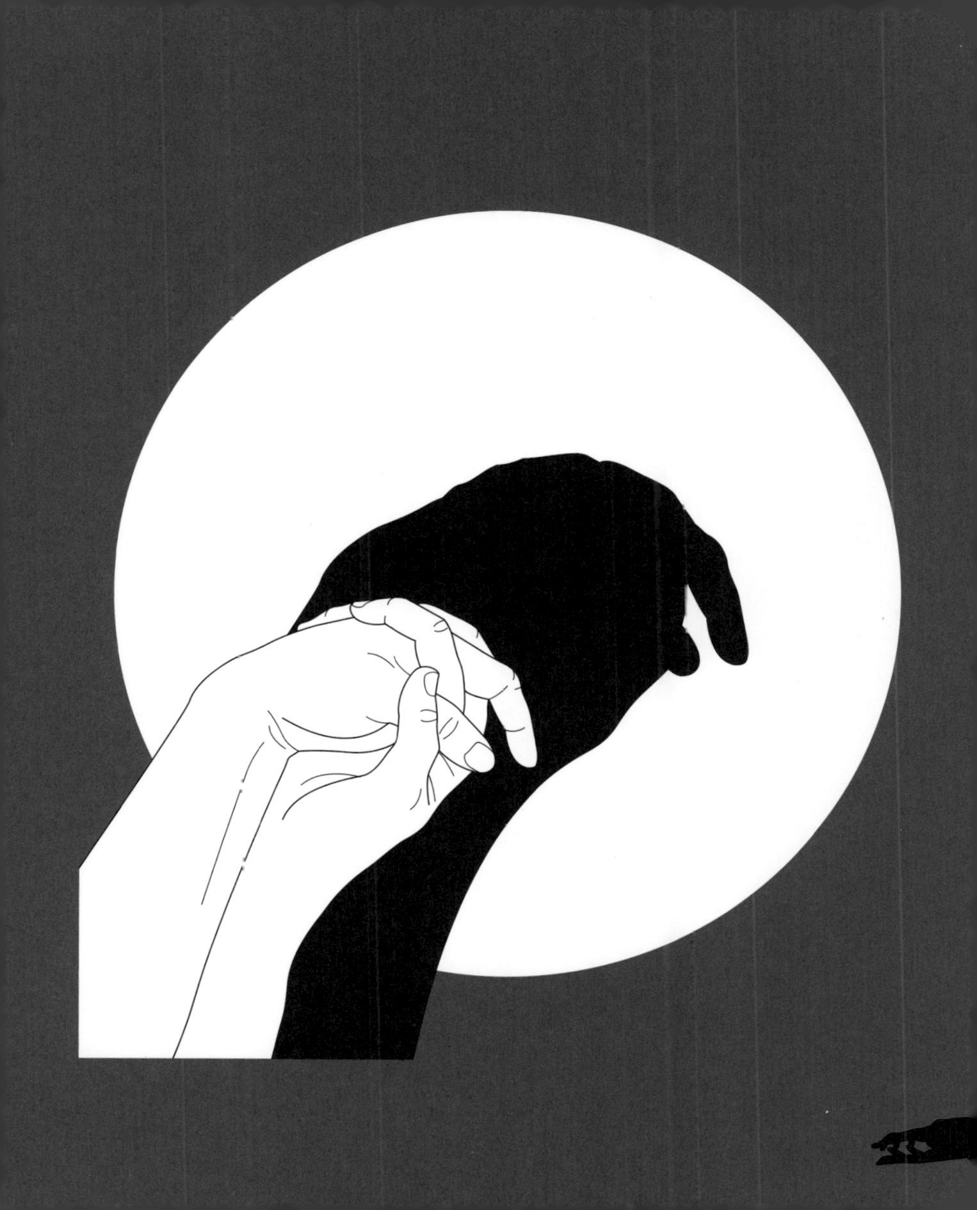

Le Couguar

Contrairement aux autres formes félines, le couguar est représenté avec la gueule fermée. Sa tête ronde est simple à faire mais il est plus difficile de le faire bouger de manière réaliste. Si votre couguar se cache pour épier une proie (un lapin, par exemple) vous pourrez accentuer son attitude féroce en positionnant votre pouce gauche plus en avant avec de petits mouvements pour reproduire le sursaut de ses oreilles.

Le Hibou

Ses grands yeux ronds rendent cette ombre parfaitement reconnaissable comme étant celle du hibou, et il vous est possible d'ouvrir et de refermer les yeux de l'animal en effectuant un rapide mouvement des pouces et des index. Entraînez-vous afin de réussir à bouger les deux mains simultanément ou bien pour ne faire cligner qu'un seul œil à la fois. Les petites oreilles droites du hibou sont placées au sommet de sa tête et réalisées à l'aide de vos auriculaires légèrement repliés vers l'intérieur.

Le Tamanoir

Le tamanoir possède un mouvement de tête très spécifique : il avance tandis que son long nez pend, puis s'arrête et balaie du regard les alentours, à la recherche de son prochain repas – fourmis ou autres insectes. En bougeant la tête du tamanoir, redressez quelque peu son nez en gardant les mains jointes, puis remuez-les de gauche à droite avant de lui faire reprendre sa position initiale.

Le Cobra Royal

Le cobra royal ressemble au serpent ordinaire (voir pages 32-33), toutefois, à l'aide de votre main droite, vous donnerez au roi des serpents une allure plus qu'impressionnante. Il peut parfois être difficile de reproduire la pose du poignet, c'est pourquoi il est nécessaire de vous entraîner pour que votre cobra ait l'air vrai lorsqu'il ondule la tête ou qu'il se penche en avant, prêt à attaquer.

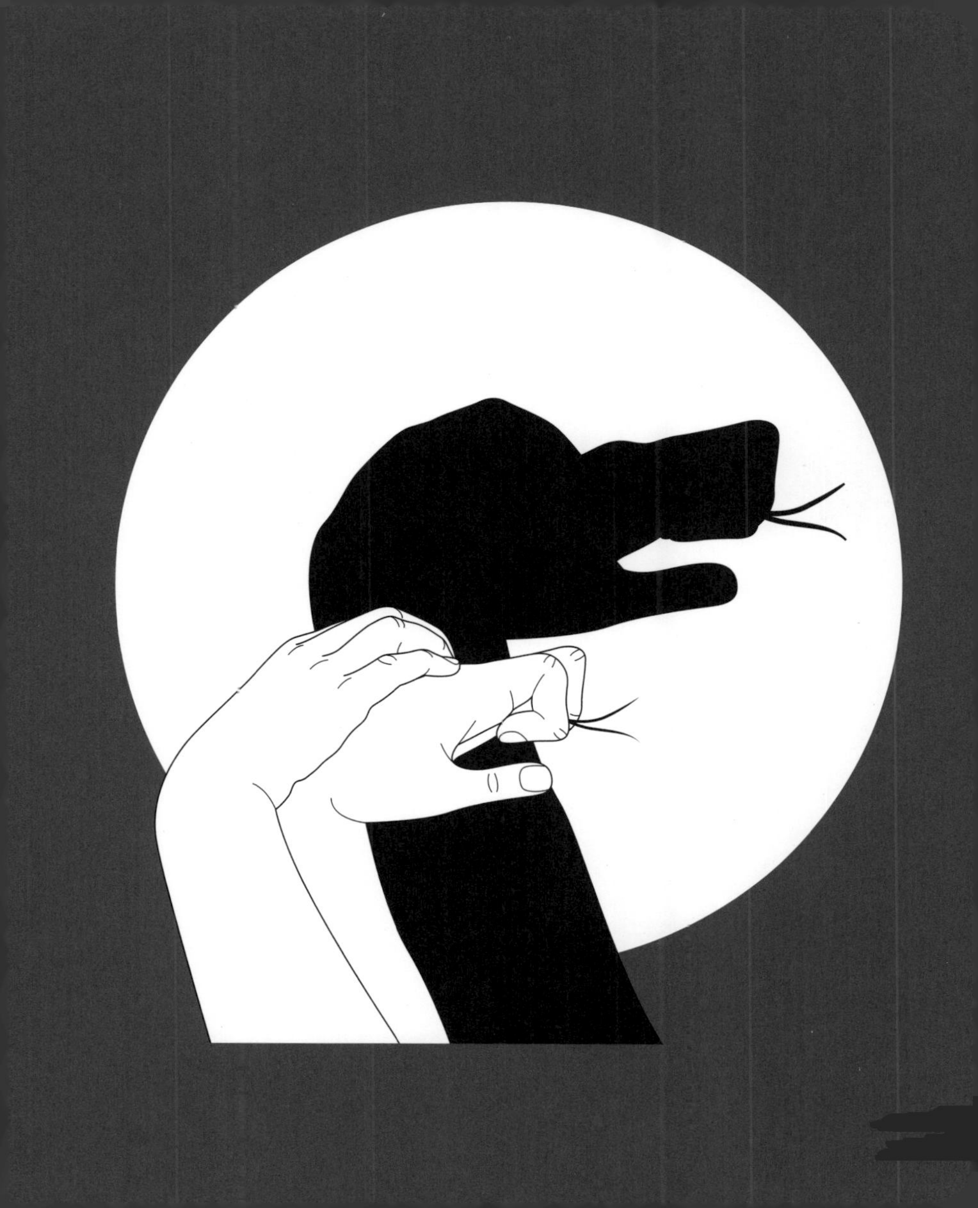

La Taupe

Réaliser une taupe convaincante est plus difficile qu'il n'y paraît. L'ombre ressemble beaucoup à celle du cochon (voir pages 130-131), cependant, la taupe possède une tête plus petite et plus lisse, un museau plus long et moins détaillé, ainsi que de petites pattes lui servant de pelles. Vous pourrez remuer les deux doigts qui forment le museau afin de faire frétiller le nez de la taupe lorsqu'elle sort de terre. Plutôt que de la faire bouger de gauche à droite, déplacez votre taupe verticalement, comme le fait normalement une taupe lorsqu'elle creuse jusqu'à la surface.

L'Aigle

Pour réaliser l'aigle, vous aurez besoin de vos mains et de vos avant-bras ; il est donc important de vous entraîner à les superposer avant d'essayer d'assembler vos doigts pour former la tête et le bec de l'aigle. L'index de votre main droite doit être replié pour donner à l'aigle un regard de prédateur féroce.

Le Lièvre

Il est plutôt aisé de bouger les oreilles du lièvre, mais le faire sautiller s'avère plus difficile. Entraînez-vous à pivoter votre pouce gauche vers le bas tout en faisant bondir vos deux mains puis ramenez votre pouce en position horizontale. Les pattes avant du lièvre ainsi que son œil représentent une difficulté supplémentaire : vous devrez maintenir la position et les écarts, ce qui demande un peu d'entraînement pour y parvenir.

Le Mouton

Le mouton n'est pas aussi simple à former qu'il n'y paraît. Le nez doit être un peu arrondi et l'ouverture de la bouche assez précise pour que l'ombre ressemble à celle du mouton. Pliez votre majeur droit pour représenter l'œil ; une fois l'ombre du mouton réalisée, faites-le brouter et bêler en abaissant et relevant la tête puis en ouvrant et refermant sa bouche.

L'Antilope

L'antilope possède un museau très long et de grandes cornes. Gardez le pouce de votre main droite et l'auriculaire de votre main gauche bien repliés vers l'intérieur pour les cacher et que votre ombre soit parfaite. Abaissez vos deux mains lorsque vous souhaitez faire brouter l'antilope ; vous pourrez même lui faire attraper une touffe d'herbe, préalablement cueillie, en la pinçant entre l'annulaire et l'auriculaire de votre main droite pour ajouter au réalisme.

Le Kangourou

L'ombre du kangourou n'exige pas une flexibilité à toute épreuve, la position des mains est tout à fait réalisable, mais vous aurez, néanmoins, besoin d'exercice pour arriver à former les bons angles pour la tête, la queue et les pattes. Si vous avez de longs doigts, il vous sera plus facile de former cette ombre, mais avec le temps, même pour les personnes ayant de petites mains, il devient possible de réaliser une ombre convaincante.

Le Tapir

Les tapirs possèdent un nez très long et mobile ainsi qu'une mâchoire inférieure très lourde. Cet animal est réalisé à partir de l'ombre de l'éléphant (voir pages 132-133). Conservez un œil mince et remuez votre pouce gauche de bas en haut tandis que les doigts de votre main gauche frétillent pour imiter le reniflement du tapir alors qu'il se promène à travers bois.

Le Blaireau

Les blaireaux ont tendance à renifler tout ce qui se trouve sur leur chemin ; donc, si vous abaissez votre index et votre majeur gauches, cela produira le même effet. Cette forme n'est pas difficile à réaliser, mais vous devrez bouger vos doigts par paires pour donner l'impression que votre blaireau avance et cela se révèle un petit peu plus ardu. Entraînez-vous jusqu'à obtenir un mouvement moins crispé.

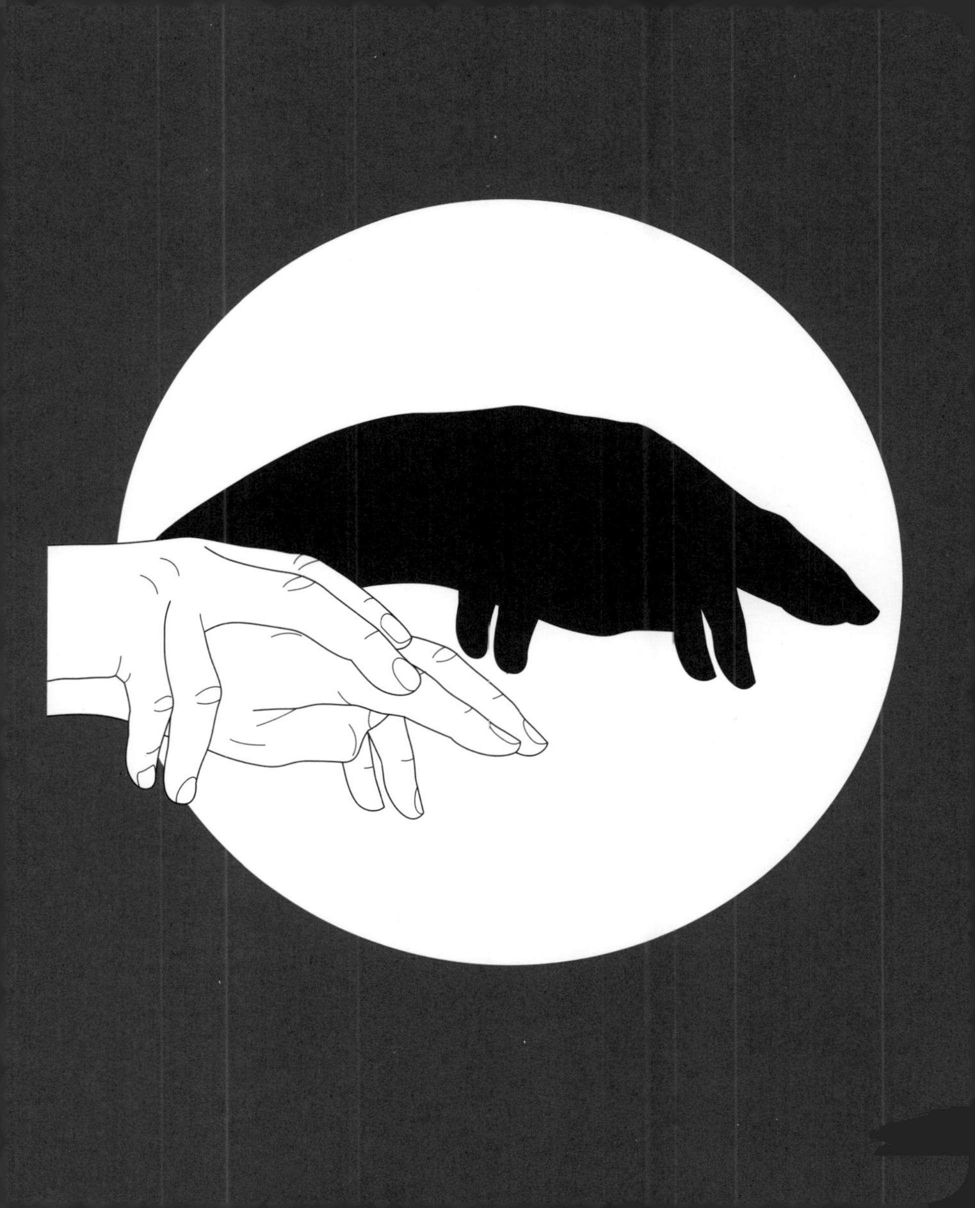

La Tortue

Si cet animal est facile à réaliser, le faire bouger de manière réaliste est une chose moins aisée. Vous pourrez déplacer votre tortue de façon authentique en bougeant chacune de ses pattes, l'une après l'autre. Cette ombre vous permet d'apprendre une autre démarche et même les doigts les plus raides pourront parvenir à un très bon résultat.

L'Âne

La principale difficulté réside dans la réalisation de la petite fente entre l'auriculaire et l'annulaire de la main droite, qui sert à représenter l'œil de l'âne, en gardant les doigts de la main gauche tendus vers l'avant pour construire un museau bien large. Quand vous aurez maîtrisé complètement cette ombre, essayez de lui faire baisser la tête et ouvrir la bouche en écartant l'auriculaire de l'annulaire de votre main gauche pour le faire braire.

L'Oiseau-Lyre

Sa queue extravagante est caractéristique de l'oiseau-lyre et nécessite huit doigts sur dix pour la réaliser de manière convaincante. Le pouce droit, légèrement penché pour créer le cou et le jabot de l'oiseau, représente la tête de l'oiseau-lyre. Un pouce long et plus mince donnera une ombre encore plus petite et arrondie. Si vos doigts sont plutôt courts, concentrez-vous sur la réalisation de la queue pour la rendre aussi impressionnante que possible.

Le Caméléon

Positionné sur une branche d'arbre, le caméléon enveloppe sa queue autour de son perchoir. Son dos courbé et son visage curieux épiant les alentours peuvent être légèrement mis en mouvement, mais il est très difficile de garder la pose en même temps. Enroulez et déroulez sa queue à l'aide de votre pouce gauche et remuez les doigts de votre main droite de bas en haut pour donner l'impression que votre caméléon tourne la tête.

La Chèvre

Le profil de la chèvre doit être homogène, avec un angle assez doux à l'endroit où vos deux mains se rencontrent. Les cornes de la chèvre sont orientées vers l'avant et sa petite oreille relevée est formée à partir de votre pouce droit. La barbe est typique de cet animal : vous pourrez la faire bouger en balançant votre auriculaire de bas en haut.

Le Pivert

Comme vous vous en doutez, le pivert possède un bec imposant. La longue queue fourchue descend jusque sous la branche sur laquelle il est assis. Si vous avez un support stable que vous pouvez utiliser comme un tronc d'arbre, alors n'hésitez pas à imiter l'action de cet oiseau en faisant picorer le pivert rapidement autour du tronc pour reproduire le martèlement caractéristique du bec. Gardez votre main gauche immobile et servez-vous de la droite pour reproduire le travail du pivert.

Le Chat

Il est ardu de reproduire les bonnes proportions en ce qui concerne l'ombre du chat, même si la tête se révèle plutôt facile à faire. Si votre main gauche est habile, vous arriverez facilement à reproduire le dos arrondi du chat. Tendez votre index gauche pour créer la queue ; pour un corps plus allongé, faites un peu dépasser votre main gauche tout en gardant l'angle incurvé entre la tête et le corps : si l'ombre devient trop anguleuse, alors elle ne sera plus ressemblante.

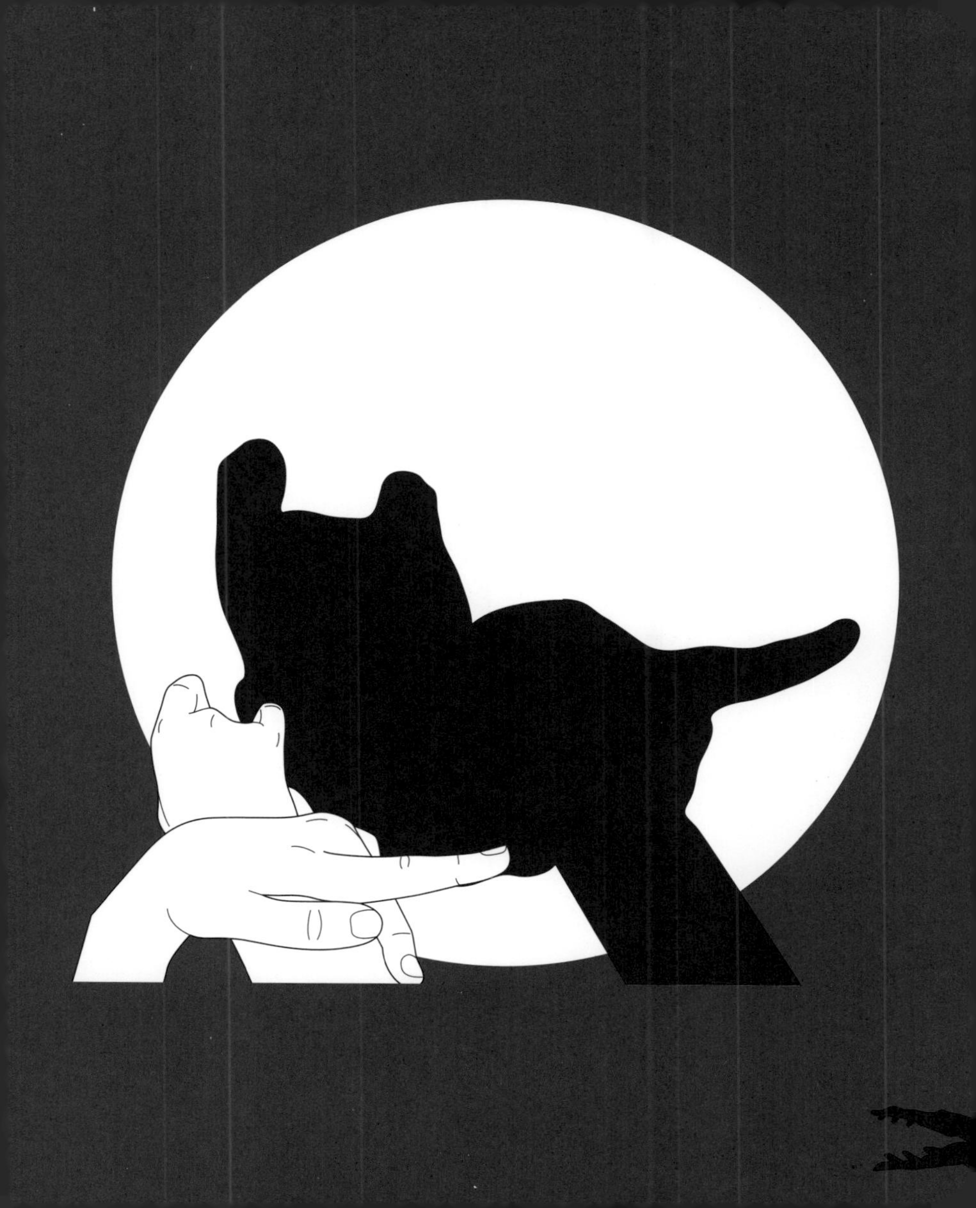

Le Coquelet

La moitié inférieure de la tête du coquelet est semblable à celle de la dinde (voir pages 90-91). Cependant, la crête est réalisée en relevant les trois derniers doigts de la main gauche, au lieu de les enrouler au-dessus de la tête. Vous devrez avoir les doigts bien souples et beaucoup de pratique pour donner vie au coquelet.

La Marmotte

La marmotte ressemble beaucoup au lièvre, du point de vue de sa réalisation (voir pages 164-165). Toutefois, sa tête est plus simple car son crâne forme une sorte de dôme. Pour créer l'œil, laissez une petite ouverture entre l'index et le majeur de votre main gauche. Si vos doigts sont bien souples, vous pourrez faire bouger ses pattes avant et le faire sautiller (les marmottes se déplacent en bondissant).

Animaux complexes

Cette section nécessite une grande flexibilité des doigts, des mains et des poignets ainsi qu'une capacité à former et à tenir des positions bizarres dans le but de réaliser une ombre satisfaisante. Vous devrez faire beaucoup d'exercices, mais le résultat en vaut vraiment la peine.

Le Loup

Le loup possède un regard mince et intense ainsi que des mâchoires grandes ouvertes. Entraînez-vous à garder la pupille du loup bien en place lorsque vous faites bouger l'animal. Ensuite, essayez de lui faire ouvrir et fermer la gueule tout en gardant vos doigts joints, deux par deux, même si cela vous paraît difficile.

Le Coyote

Les mâchoires du coyote sont semblables à celles du loup (voir pages 196-197), mais il possède une tête plus allongée et plus émaciée, que vous modèlerez avec votre main droite. Ses oreilles sont longues et tendues. Vous pourrez faire hurler le coyote en secouant votre main entière vers le haut, mais faites vibrer les mâchoires plutôt que de les ouvrir et les refermer directement. Cela vous semblera difficile de garder vos doigts joints deux par deux lorsque que vous animerez votre coyote mais avec un peu d'entraînement, il n'y paraîtra plus.

La Souris

La réalisation de la souris est plutôt compliquée, mais elle vaut la peine d'essayer, car c'est l'une des ombres mobiles les plus ressemblantes. Tendez votre index gauche pour remuer la queue, tout en recroquevillant votre auriculaire droit pour bouger la patte avant de votre souris. Si vous trouvez cela difficile, commencez par former la souris sans l'œil, afin de créer une forme plus générale. Prenez la peine d'ajouter de fines moustaches en papier, car cela ajoute considérablement à la vraisemblance de votre souris.

Le Rhinocéros

Un long nez arrondi ainsi qu'une corne centrale sont les traits dominants du rhinocéros. Pour la corne, tendez votre auriculaire droit au-dessus des doigts de la main gauche. L'astuce réside dans l'angle que vous prendrez avec votre auriculaire pour épaissir la corne : si vous l'éloignez de la lumière et le rapprochez du mur, la corne semblera plus grosse pour s'accorder avec la réputation effrayante du rhinocéros.

Le Tigre

Pour former l'ombre du tigre, vous aurez besoin d'un morceau de tissu ou d'une serviette de toilette que vous draperez autour de vos poignets et qui représentera les oreilles et le cou de l'animal, comme indiqué ci-contre. Commencez par vous entraîner à placer le tissu sur vos poignets, puis déplacez vos mains, tout doucement, pour réaliser le profil mordant du tigre.

Le Lion

Pour le lion, positionnez vos mains comme pour l'ombre du tigre (voir pages 204-205), vous devrez, toutefois, ajouter une crinière. Vous la formerez à l'aide d'un tissu (serviette de toilette, chemise en coton froissée ou tout autre morceau de tissu suffisamment léger pour être drapé et donner du volume à vos poignets) enroulé autour de vos poignets jusqu'au sommet de votre main gauche et donnant à la surface un aspect de vague. Vous aurez besoin qu'une personne vous aide à draper le tissu, une fois que vos mains seront en place.

Le Jaguar

Le jaguar ressemble beaucoup à la panthère (voir pages 220-221), mais il possède un museau plus arrondi, qui semble un peu plissé. Vous pourrez imiter un rugissement assez grave pour lui donner du relief, tandis qu'il s'apprête à attaquer une proie imprudente. Les doigts de votre main droite devront être soigneusement alignés pour donner au museau une apparence réelle ; veillez, également, à ce que l'oreille soit petite et orientée vers l'avant pour traduire la concentration du jaguar.

L'Écureuil

Une fois la réalisation de l'écureuil maîtrisée, vous pourrez le faire grimper le long d'une branche d'arbre, si vous en avez une parmi vos accessoires. Pour le sautillement, servez-vous de l'auriculaire et du pouce de votre main gauche, tout en enroulant et déroulant l'auriculaire droit. Votre main et votre poignet droits devront être très souples si vous souhaitez obtenir une ombre réaliste. Si cela vous semble difficile, échauffez votre poignet quelques instants puis recommencez.

L'Anémone de Mer

Une fois les bras formés, l'anémone de mer ne nécessite que de légers mouvements ; vos doigts devront, néanmoins, être très flexibles. Essayez de joindre vos doigts, deux par deux, avant de réaliser l'ensemble de l'ombre et de donner à l'anémone de mer son aspect caractéristique.

Le Carlin

Au premier abord, cette ombre semble simple. Mais lorsque vient le moment de l'essayer, vous verrez que la combinaison de doigts tendus et repliés s'avère bien plus complexe qu'il n'y paraît. Entraînez-vous à prendre la forme voulue avec chaque doigt, séparément. Puis, dans un second temps, essayez de réaliser l'ombre en entier. La queue remontée du carlin doit s'accorder parfaitement avec la tête arrondie et ainsi créer une ombre convaincante et équilibrée.

Le Chameau

La partie la plus caractéristique du visage du chameau s'avère être les narines placées au sommet de sa lèvre supérieure. Vous pourrez les reproduire en courbant, doucement, l'index de votre main gauche lorsque vous aurez formé la tête du chameau. Bougez vos mains de bas en haut et de manière saccadée tandis que votre chameau se déplace, afin d'imiter sa démarche chaloupée.

[redacted]

Le Terrier

Le terrier fait partie des animaux représentés en intégralité : il possède un long dos ainsi qu'une queue droite et impatiente. Aucune des ombres verticales n'est exagérément difficile à réaliser, mais obtenir une ombre parfaite avec la bouche, l'œil et les pattes précisément alignés et en place nécessite un certain entraînement. De même, le mouvement du terrier représente un défi pour vous : si vous déplacez vos mains vers l'avant, vous pourrez parvenir à une démarche saccadée mais jamais très naturelle.

La Panthère

Les prédateurs sont plus facilement représentables avec une gueule béante et agressive, sur le point de bondir sur une proie sans méfiance. Formez un crochet avec les doigts de votre main droite et abaissez-les légèrement pour faire rugir votre panthère (vos effets sonores devront être très bas pour correspondre à la bête : la plupart des prédateurs rugissent et grognent de manière calme et modérée).

La Licorne

Pour le tout dernier animal de votre ménagerie, nous avons décidé d'ajouter un animal mythique, vous aurez donc encore plus de possibilités pour diversifier vos histoires. La tête de la licorne s'apparente plus à la famille des cervidés que celle des chevaux, avec un museau légèrement plus arrondi que celui de l'antilope, par exemple. La corne est réalisée grâce à l'index et au majeur de la main gauche, bien tendus. L'annulaire servira à réaliser l'œil de la licorne.

Perfectionner votre savoir

Une fois que vous aurez maîtrisé la réalisation de la plupart des animaux de la ménagerie, vous pourrez alors créer différents cadres pour mettre en scène vos ombres et utiliser des effets sonores pour les rendre encore plus vivantes. Vous aurez certainement envie d'interagir avec votre public ; à cet effet, vous trouverez des ombres de personnages humains à la fin de ce chapitre.

Effets sonores et mises en scène

Après avoir perfectionné certains animaux, vous verrez naître en vous l'envie d'ajouter des effets sonores et des mises en scène pour rendre votre performance encore plus remarquable. Vous trouverez dans cette section quelques conseils sur les bruits des animaux ainsi qu'une multitude de décors et autres cadres qui vous permettront d'inventer un certain nombre d'histoires.

Les Effets Sonores

Les effets sonores ne vont pas simplement ajouter à l'atmosphère de votre spectacle (même s'il ne met en scène qu'une dizaine d'animaux présentés à un public d'enfants de six ans), ils vous permettront également de rendre votre prestation plus convaincante. N'en faites pas trop au départ : réalisez quelques sons d'animaux vous-même, auxquels vous ajouterez le bruit des sabots ou le plouf de l'hippopotame – cela sera déjà très impressionnant. Si vous souhaitez utiliser quelques accessoires, vous aurez besoin d'une autre paire de mains. C'est un bon moyen pour réunir toute la famille, les enfants sont souvent très enthousiastes à l'idée de mettre la main à la pâte et cela leur paraît plus facile que la réalisation des ombres, car certaines s'avèrent assez difficiles pour les petites mains. Adaptez les effets sonores en fonction de l'âge de l'enfant.

Les bruits de pas

Vous pouvez créer un certain nombre de bruits de pas en remplissant trois plateaux : un avec du gravier, un autre avec de la litière pour chat et le dernier avec des céréales ; puis créer différents bruits de pas à l'aide d'éléments divers et variés. Les sabots du cheval sont réalisés avec des noix de coco frappées sur du gravier. Toutefois, vous pourrez créer des sons tout à fait différents en fonction de l'outil que vous utiliserez :

des boîtes de conserves de petite ou grande taille (pleines ou vides), des tasses ou des bols retournés… Plus l'outil est lourd et épais, plus l'animal correspondant sera lourd.

En plus des bruits de pas, vous aurez certainement envie de reproduire des sons de feuillage se faisant balayer. Pour les animaux chasseurs qui guettent leur proie, comme les lions ou les tigres, ce son à lui seul s'avère très efficace, particulièrement si vous souhaitez faire bondir un jaguar sur une antilope, par exemple. Si vous froissez ou écrasez le sommet d'un balais de paille ou d'une balayette avec vos mains, le bruit ressemblera à celui d'un animal remuant dans les herbes hautes. Le bruit de pas sur des feuilles mortes peut être imité en passant la brosse sur les céréales avec une main et avec l'autre, vous écraserez (toujours sur le même plateau) une boîte de conserve ou une tasse pour reproduire le craquement des pas.

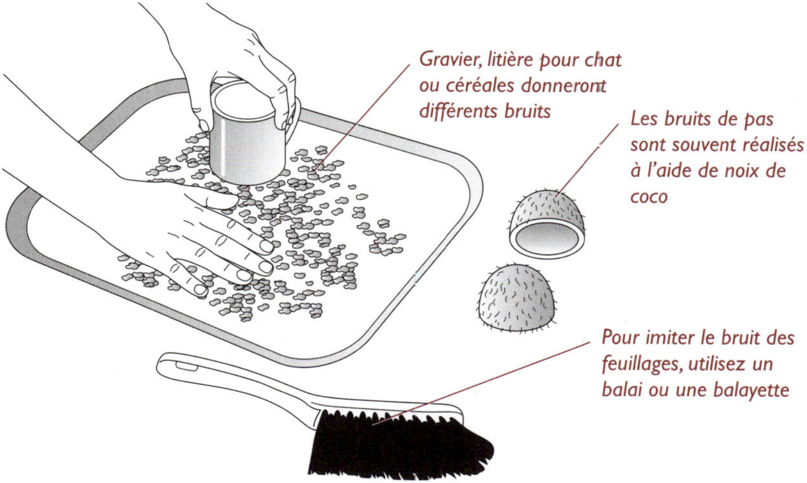

Tableaux des sons

Utilisez ce tableau pour retrouver le son correspondant à votre animal. Entraînez-vous pour trouver la combinaison la plus satisfaisante ; par exemple, vous pourriez faire marcher votre éléphant dans la savane, puis l'arrêter et remuer sa trompe pour le faire boire, en ajoutant des gargouillis ; tandis qu'un pas plus léger pourrait annoncer l'arrivée d'une autruche ou qu'un objet jeté dans une bassine d'eau pourrait représenter l'apparition soudaine et effrayante d'un crocodile.

Type de son	Comment le faire	Pour quelle utilité
Pas lourds	Frotter légèrement de lourdes boîtes de conserves contre du gravier ou de petites pierres	Éléphants, buffles d'eau, rhinocéros
Marcher dans la forêt, craquements de brindilles	Des boîtes de conserves, une tasse retournée ou un petit bol frottés contre des céréales	Ours (pas plus légers pour un ourson), élan ou cerf plus lourd
Marcher sur de l'herbe mouillée, dans la savane	Frotter les poils d'une brosse ou d'un balai énergiquement entre vos paumes	Tous les animaux de la jungle ou de la plaine, des éléphants aux antilopes
Marcher dans la neige ou sur un sol sableux	Des boîtes de conserves, une tasse retournée ou un petit bol frottés contre de la litière pour chat	Chameau, coyote. Une feuille de cellophane froissée sur une litière pour chat reproduit le bruit du serpent

Type de son	Comment le faire	Pour quelle utilité
Projections d'eau	Un ballon à moitié rempli d'eau que vous compresserez fortement à l'intérieur d'un seau	Hippopotame, éléphant, antilope ou buffle se trouvant à un point d'eau
Mouvement lourd dans l'eau	Une ventouse de plombier plongée une ou deux fois dans une bassine d'eau	Hippopotame, anaconda ou crocodile sortant de l'eau pour bondir sur sa proie
Bulles dans l'eau	Souffler faiblement à travers une paille plongée dans un gobelet rempli d'eau	Hippopotame ou lamantin. Parfait pour certains animaux marins n'émettant pas de bruits particuliers : la méduse par exemple
Ailes dans le vent	Une paire de gants en caoutchouc, battant l'air en rythme	Cygne, corbeau. Un mouvement plus lourd vous permettra d'imiter le battement d'ailes de l'autruche, la dinde ou l'oie
Eau, pluie sonore	Riz versé sur une fine plaque de métal ou du Plexiglas	Excellent arrière-plan pour les parades d'animaux de la forêt, ajouté aux cadres de pluie ou d'orage
Tonnerre	Une fine plaque de métal ou du plexiglas secoué d'un côté	Pour vos orages, en complément des pluies torrentielles

La Mise en Scène

Lors des explications faites aux pages 8 et 9 sur la manière de réaliser les ombres chinoises, il a été question d'un arrière-plan ou cadre décoré. Pour la plupart, il s'agit d'un cadre pour présenter les actions de vos animaux et ainsi inventer de petits scénarios pour mettre en valeur vos personnages. Si vous êtes plusieurs à réaliser des ombres, alors les cadres vous permettront de créer quelque chose de beaucoup plus sophistiqué. Si vous choisissez le cadre de la jungle, un perroquet pourrait, par exemple, être placé sur une branche pour picorer, tandis qu'un éléphant et un tigre auront une bruyante confrontation juste au-dessous. Un singe pourrait également se poster sur un arbre alors qu'un lion observe, au loin, sa prochaine proie. Nous avons donc ajouté 17 variations qui vous permettront de créer sans fin de nouvelles histoires.

En ce qui concerne les cadres, vous aurez peut-être besoin de les faire agrandir (la largeur dépend de la distance entre le mur et la deuxième source de lumière, et de la pâleur que vous souhaitez donner à votre cadre. C'est pourquoi, vous devrez tester des cadres de différentes grandeurs pour voir leur taille une fois reflétés sur le mur). Agrandissez l'image que vous aurez choisie à la taille voulue, reproduisez-la sur une feuille cartonnée puis découpez le milieu du cadre en premier. Pour les images regroupant différents éléments (des étoiles, la lune…) faites attention à ne pas découper les endroits par lesquels elles sont suspendues.

Plusieurs cadres

Certains cadres que nous avons abordés peuvent être superposés. Par exemple, vous pouvez combiner la mer agitée avec la lune et des étoiles. Le cadre le plus simple est celui des voûtes, qui représente plusieurs arcs : cette scène est idéale pour vous entraîner, elle vous permettra de voir le degré de transparence nécessaire à votre décor pour que vos ombres contrastent avec celui-ci et que vos animaux apparaissent bien nets et opaques.

Si vous souhaitez utiliser différents arrières-plans, les uns à la suite des autres (pour un spectacle plus impressionnant) découpez une feuille de carton épais de la même taille que celle de vos cadres et placez-la entre chaque couche de décor afin que les transitions soient nettes entre vos images. Ainsi, elles apparaîtront clairement et séparément.

Les Voûtes

Ce cadre est très simple et représente un bon point de départ pour vous exercer. Le cadre se compose de trois arcs dans les lesquels vos animaux peuvent être présentés, évoluer ou même se rencontrer. Ce simple effet vous permettra de mettre en scène les animaux les plus variés tout en vous offrant la possibilité de présenter une partie ou la totalité des animaux.

Les Arbres

Ce cadre vous offre des formes d'arbres basiques. Une branche, par exemple, que vous pourrez utiliser pour mettre en scène certains animaux perchés. L'écureuil se reposera certainement dessus avant de regagner la terre ferme, tandis que la colombe pourra être aperçue en train de s'envoler de cette même branche. Cela fera, également, un très bon perchoir pour le pivert.

Les Collines

Un paysage composé de collines arrondies s'avère être un arrière-plan idéal pour les animaux de pâture, allant du mouton aux cervidés. Toutefois, les animaux ne pourront pas être présentés en pleine action du fait que ce décor reste très singulier. Cela vous permettra, néanmoins, de vous entraîner à superposer deux couches d'images, une immobile et une autre en mouvement, et ainsi obtenir la densité nécessaire pour vos ombres.

La Forêt

Ce cadre met en avant une forêt d'arbres à feuilles caduques. Le tronc d'arbre, placé à gauche de l'image, pourrait servir à présenter les plus petits animaux : la souris, le rat et même l'araignée pourrait être vus en train de grimper dessus. Veillez, cependant, à ne pas assembler certains animaux dont les proportions ne correspondraient pas les unes par rapport aux autres.

La Jungle Tropicale

Dans les tropiques, il est moins important de représenter le sol, car les hauteurs sont remplies de lianes et de plantes grimpantes qui pendent un peu partout. Le singe pourrait être représenté assis au milieu de ces cordes, d'abord observé par un tigre ou un couguar, puis interrompu par le passage d'un magnifique éléphant. Utilisez la jungle pour vos animaux les plus exotiques.

Le Désert

Deux palmiers, un de chaque coté de l'image, dominent les dunes ondoyantes. Vous aurez peut-être envie d'engager vos amis pour créer toute une caravane de chameaux, ou tout simplement, faire voyager votre chameau d'un bord à l'autre du cadre, en reproduisant sa démarche caractéristique. Vous pourrez superposer un cadre au-dessus de celui-ci pour faire tomber la nuit sur le désert et changer d'atmosphère.

La Plage

Une mer calme bordée par une falaise escarpée et dominée par un phare. Une tête de lamantin ou l'aileron d'un requin pourraient très bien surgir à l'horizon. Vous pourrez également créer une tempête de mer en superposant un autre cadre montrant des nuages et un éclair. Tandis que la tempête touche à sa fin, un crabe pourrait arpenter le bord de la plage en quête de débris ramenés par le courant.

Le Cirque

Une forme de chapiteau est indispensable à un cadre de cirque. Grâce aux deux tabourets, vous aurez la possibilité de placer différentes ombres : la girafe et son bébé pourraient défiler autour de la scène, ensuite viendraient le spectacle des chevaux puis celui des éléphants. Vous pourrez également ajouter des coiffes de cirque à vos animaux en pinçant des plumes entre vos doigts.

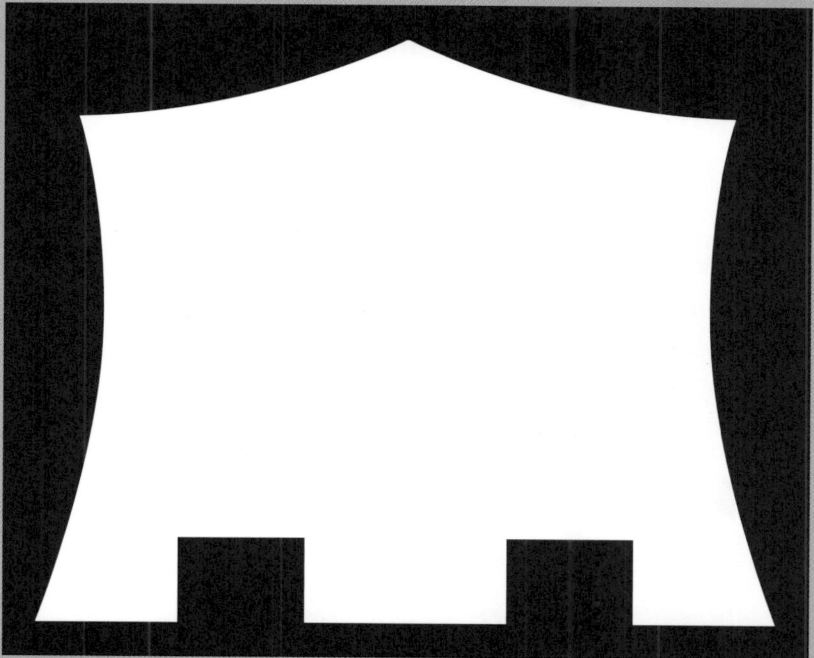

La Ferme

Ce cadre offre un lieu de vie à tous les animaux de la ferme que vous aurez appris à faire dans cette ménagerie. La poule, le bouc, le mouton, la dinde, l'oie, la vache et le taureau trouveront ici refuge. Vous pourrez faire évoluer un ou deux animaux autour de la ferme tandis que les autres les observeront depuis la petite porte de l'étable.

La Mer Agitée

Au lieu de la laisser statique, présentez cette scène en la remuant légèrement de gauche à droite pour donner le mal de mer à votre public. Les animaux comme le lamantin, le requin, le crabe et le bernard-l'ermite pourraient tous faire une brève apparition au milieu de cette mer agitée.

Le Soleil

Après la pluie vient le beau temps… Vous pourriez utiliser ce soleil brûlant au-dessus du désert ou bien jeter quelques rayons au-dessus de la ferme ou de la prairie.

La Lune et les Etoiles

La lune et les étoiles font basculer toutes les scènes dans la nuit. Faites attention lors du découpage : les tiges reliant les différents éléments au bord du cadre sont minces et donc relativement fragiles.

L'Orage

De gros nuages et des éclairs annoncent un violent orage sur n'importe quel paysage. Pour accompagner les éclairs, secouez une fine feuille de métal pour reproduire le bruit du tonnerre, vous pourrez également remuer un petit caillou dans un verre d'eau pour imiter le son de la grêle. Cachez vos animaux ou faites-les fuir cette scène tandis que la tempête fait rage ; ils ressortiront de leur cachette une fois l'orage terminé. Faites à nouveau briller le soleil pour faire oublier l'orage.

La Pluie

Ce cadre s'avère difficile à découper mais très efficace une fois en action. La majorité du carton a été ôtée, ne laissant que de minces bandes de pluie inonder le cadre. Vous devrez placer votre cadre suffisamment loin de la deuxième source de lumière afin que les bandes ne soient pas trop nettes. Ensuite, remuez le cadre doucement de haut en bas : le résultat sera plus que convaincant.

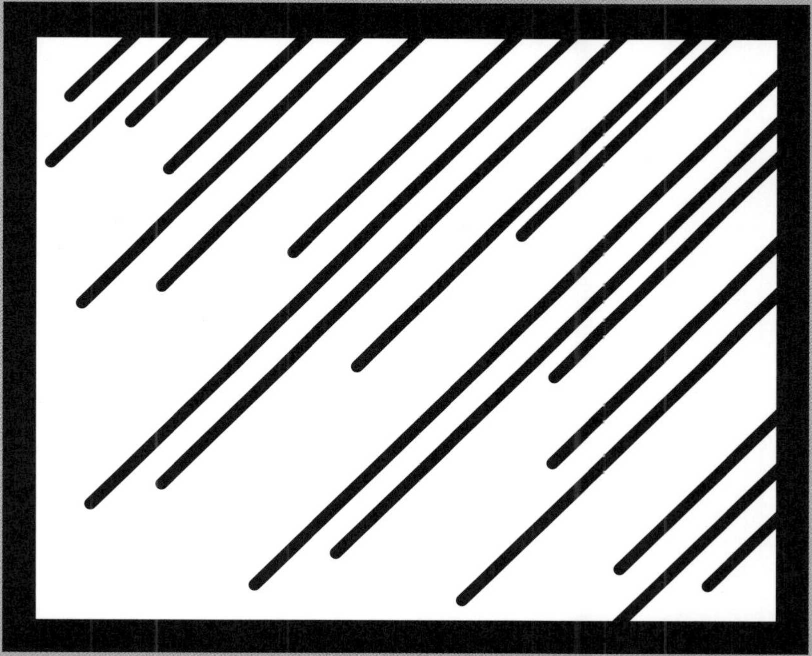

Les Toits d'Immeubles

Le chat en position assise reste le maître de ce cadre même s'il doit partager la vedette avec divers oiseaux : l'étourneau, les pigeons et la colombe lui passeront tous devant tandis qu'il observe le paysage. Une fois tous les oiseaux partis, faites tomber la nuit en ajoutant la lune et les étoiles.

La Prairie

C'est un paysage pour les plus petits animaux de votre ménagerie ; les plus grands étant déjà mis en avant dans les cadres de la jungle et de la forêt. Créez de gentils scénarios, calmes et bucoliques, où l'escargot peut évoluer à son rythme dans l'herbe, tandis qu'un papillon tournoie au-dessus de lui. Les oiseaux peuvent aussi survoler la scène tandis que, de leur côté, lapins et lièvres profitent du soleil.

La Rivière

Un léger virage dans la rivière, bordé de joncs et parcouru par un bateau. Vous pourrez présenter dans ce cadre différents oiseaux : un cygne en plein vol, un canard faisant coin-coin ou une hirondelle en pleine descente. Un lapin ou une souris peuvent également gambader près de la végétation, à droite.

Personnages humains

Les pages suivantes vous offrent huit nouvelles ombres pour élargir votre répertoire. Le vieil homme ainsi que la femme au bonnet sont certainement les plus simples à réaliser, mais la plupart de ces personnages peuvent revêtir différents rôles.

Le Vieil Homme

Cette ombre élémentaire peut être utilisée à chaque fois qu'un personnage âgé ou sage est nécessaire. La barbe ajoute à la gravité de cet homme qui peut jouer le rôle d'un ermite retiré dans les bois ou celui d'un capitaine dont le regard se porte sur une mer agitée, et bien d'autres encore. Si le personnage doit exprimer une forte émotion, bougez les doigts de votre main gauche pour remuer sa barbe et traduire son émoi.

La Femme au Bonnet

Formé ainsi, le profil de la femme trahit son vieil âge. En relevant légèrement le majeur de votre main droite, son nez paraîtra un peu plus retroussé. Son menton se révélera moins proéminent si vous arrondissez votre pouce gauche. Le visage semble tout de suite plus jeune et cette même ombre peut jouer un nombre de rôles encore plus grand. Par exemple, elle peut être à la fois le Petit Chaperon Rouge et sa grand-mère. Ajoutez un loup et le tour est joué (voir pages 196-197).

Le Visage Surpris

Ce visage peut être celui d'un homme ou d'une femme, la bouche ouverte et le menton relâché expriment essentiellement la surprise. Même si cette ombre est très facile à créer, il est plus difficile de la bouger de manière réaliste, c'est pourquoi il est préférable de l'utiliser uniquement comme un personnage qui réagit à un évènement : un éléphant qui barrit, par exemple, ou un crocodile qui fait claquer sa mâchoire.

Le Roi

Un roi s'avère très utile lorsqu'il s'agit de raconter différentes histoires et ce profil est caractéristique avec sa couronne proéminente (très simple à faire). Vous pourrez ajouter une impression de dessin animé en grossissant les traits de votre personnage : pour cela, tendez le majeur et l'auriculaire de la main droite. Si vous souhaitez, au contraire, rendre votre profil plus humain, repliez vos doigts pour raccourcir l'ombre. Bougez votre auriculaire droit si vous souhaitez faire parler le roi.

Le Fermier

La ménagerie comprend un certain nombre d'animaux de la ferme, vous aurez donc certainement besoin d'un fermier pour les surveiller. Ce personnage possède une casquette à longue visière ainsi qu'une barbe mal taillée (mais qui peut être réalisée de manière plus propre en joignant simplement les trois doigts de votre main gauche). Courbez légèrement votre index gauche si vous voulez que le nez de votre fermier soit moins exagéré.

Le Chef Indien

Le chef indien possède une coiffe très impressionnante et qui ressemble à celle du cacatoès (voir pages 142-143). Si vous le faites chasser dans la forêt, vous pourrez donner l'impression qu'il surveille les alentours en remuant doucement l'index de votre main gauche pour agrandir ou rétrécir le creux formant son œil. Si vous déplacez votre ombre soigneusement, il semblera avancer furtivement dans les bois.

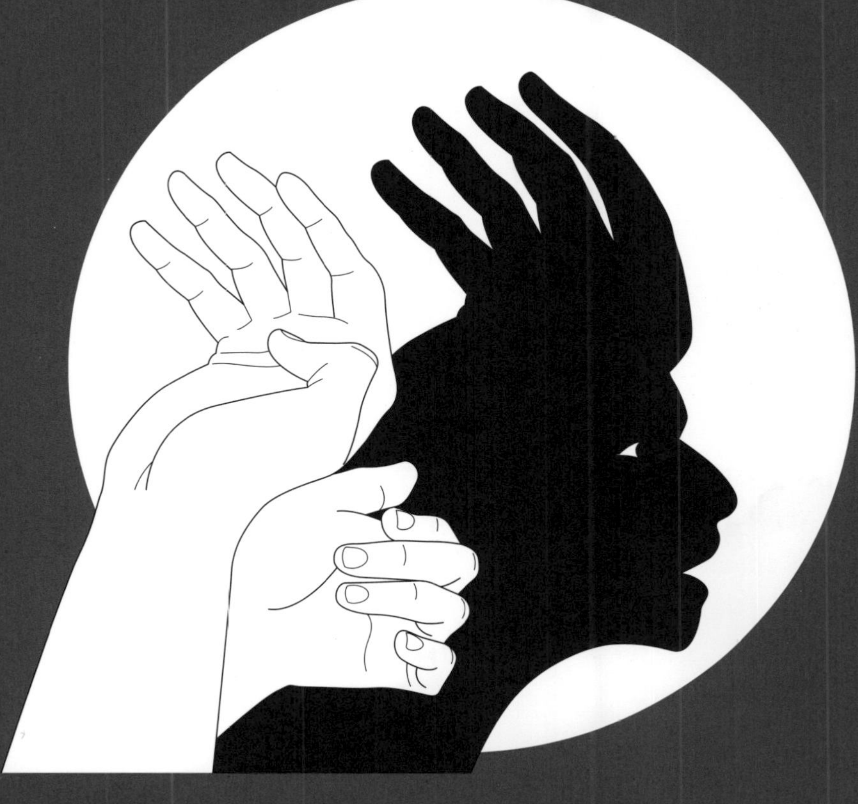

Le Clown

Grâce à l'index et au pouce de la main gauche, vous pourrez créer l'une des principales caractéristiques du clown : le bonnet rabattu sur le côté. Le nez et le menton du clown représentent un peu plus de difficulté : ils nécessitent une main droite bien souple car vous devrez superposer vos doigts. Une fois ces éléments maîtrisés, il vous sera très facile de faire parler votre clown en ouvrant et refermant vos doigts.

Le Visage Souriant

Tout comme le visage surpris (voir pages 274-275), cette ombre est très utile pour exprimer certaines réactions. Ce visage béat et réjoui appartient peut être à un amateur de cirque ou à un homme admirant une procession d'animaux : le cochon qui grogne, l'écureuil qui bondit ou le terrier qui aboie. Ce visage est également très difficile à animer, il est donc préférable de le former et de le garder tel quel.

Index et bibliographie

Bibliographie

Le choix de livres abordant les ombres chinoises n'est généralement pas grand ; toutefois, les ouvrages suivants comprennent des ombres de personnages comme des personnes célèbres ou des « caractères », que vous pouvez consulter pour approfondir votre savoir:

Eric Foret, Bruno Leprieur et Wili Zecat, *Ombres chinoises,* éd. Aedis (2005)

Attilo Mina, *Ombres chinoises,* éd. Nature & Découverte